Liderazgo
EFICAZ

Cómo influir en los demás

John C. Maxwell

Prólogos por
David Greco y Marcos Witt

EDITORIAL
Vida
DEDICADOS A LA EXCELENCIA

©2002 EDITORIAL VIDA
Miami, Florida 33166-4665

Este libro se publicó en inglés con el título:
Be a People Person
por *Victor Books*
©1994-1989 by Victor Books / SP Publications, Inc.

Diseño de cubierta: *Sergio Daldi*

Diseño interior: *Maruja E.Chinchilla*

ISBN 0-8297-3626-3

Categoría: *Vida Cristiana / Liderazgo*

Impreso en Estados Unidos de América
Printed in the United States of América

07 08 09 10 ❖ 15 14 13 12 11 10 9

ÍNDICE

Dedicatoria

Dedico este libro a las tres congregaciones en las que tuve el privilegio de servir como pastor.

The Church of Christ in Christian Union Hillham, Indiana 1969-1972

Faith Memorial Church Lancaster, Ohio 1972-1980

Skyline Wesleyan Church Lemon Grove, California 1981

Esas iglesias representan miles de relaciones que han hecho de mí un guía. Es a partir de esas experiencias que he escrito este libro. La verdad que sobrepasa a todas las demás es: A las personas no les interesa mucho cuánto usted sabe hasta que saben cuánto ellas le interesan a usted.

Prefacio

Si alguna vez Dios creó a alguien que sabe apreciar a los demás, ese es John Maxwell. Con sólo entrar en una habitación llama la atención de los demás, los incita a un intercambio entusiasta y los motiva a la acción. Su sincero carisma destila calor y un espíritu de cariño, y en esta era de predicadores electrónicos y de líderes ostentosos, John Maxwell se yergue como una roca de integridad.

En los años que he conocido a John como amigo y colega en el arte de la oratoria, he observado que él es totalmente sincero. No hay engaño ni dualidad en su vida, y por el camino que él ha transitado, por ese mismo camino ha enseñado a los demás a andar.

Una de mis grandes satisfacciones es tener la oportunidad de trabajar con John en los seminarios de liderazgo y disfrutar del magnetismo que su presencia genera en el público. Pese a que John cuenta con habilidades excepcionales para la oratoria, lo que más me impresiona en él es su sinceridad hasta en lo más mínimo. Elige para su equipo de trabajo a personas que dominan sus esferas de conocimiento, y les ayuda a fortalecer esos conocimientos. Alienta la individualidad en cada persona, y no necesita tener a su lado personas complacientes que lo hagan quedar bien. Posee uno de los pocos ministerios exitosos para hombres, y su programa de discipulado combina el reto con la responsabilidad.

Usted disfrutará del sentido del humor de John y de su habilidad para contar historias con emoción y entusiasmo. Se sentirá motivado a mirar a las personas de carácter difícil de una forma más comprensiva, y si se decide a poner en práctica los principios de John, no volverá a ser la misma persona de antes.

Florence Littauer
San Bernardino, California

Prólogo

Cuando me pidieron escribir el prólogo de esta obra me hice la siguiente pregunta: ¿Quién debe leer este libro? La respuesta llegó rápido: Hombres y mujeres que desean ser usados por Dios como líderes eficientes en el reino. Pero, luego me hice otra pregunta: ¿Qué clase de líder se interesa por leer un libro del Dr. John Maxwell? Esta respuesta no fue tan rápida como la anterior. La mayoría de los que están trabajando en la difícil tarea de dirigir empresas, iglesias, ministerios, proyectos y grupos pequeños, no se dedican a mejorar ni a recibir entrenamiento bibliocéntrico para cumplir con sus responsabilidades eficientemente. Muchos líderes cristianos en nuestras naciones están ocupando posiciones debido a la gran demanda producida por el crecimiento explosivo de la iglesia de Cristo en las últimas décadas. ¡Cuántas veces he visto a hombres y mujeres, bien intencionados, trabajando arduamente pero sin ver resultados! ¡Cuántas veces he oído el clamor de sus corazones diciendo: Necesitamos ayuda, estamos solos!

A pesar del gran crecimiento numérico del pueblo evangélico, la necesidad más urgente en el progreso de la iglesia es el desarrollo de líderes que tengan el corazón del Padre celestial y la visión de Cristo en el poder del Espíritu Santo. Los modelos de liderazgo que estamos usando son adoptados de nuestras culturas y concepciones humanas.

El éxito numérico es la medida que también hemos adoptado de los conceptos humanos. El liderazgo dictatorial o el que rige según la voluntad de la mayoría, se toma de nuestras culturas. Este estilo no es el que Dios establece en la Biblia.

En este libro, John Maxwell explica de una manera simple pero sumamente eficaz principios de liderazgo según el corazón de Dios. Si está listo para comenzar a estudiar, prepárese para enfrentar la verdad. Necesitamos líderes según el corazón de Dios, siervos y siervas que se ofrezcan para edificar vidas para su gloria. Si hojea este libro y solo lee el prólogo, le exhorto a que lo adquiera. Le aseguro que su vida será transformada.

David Greco
Ministerio Cielos Abiertos

Prólogo

En América Latina tenemos un gran vacío de liderazgo. Existe un desconocimiento general de lo que es un liderazgo efectivo, bíblico, cristocéntrico y comprometido con el modelo que nos dejó el Señor Jesús: Ser un líder siervo. Por todos lados podemos dar fe de los abusos de poder, las dictaduras y los liderazgos egocéntricos que buscan edificar un nombre y reino personal. En años recientes, un clamor ha subido por todos los países de América Latina: «Señor, levanta una generación de liderazgo tras el corazón de Cristo para guiarnos con dignidad en estos tiempos difíciles».

No me cabe la menor duda de que una de las personas que Dios levantó para ayudarnos a entender el verdadero significado del liderazgo es John Maxwell. Sencillo, inteligente, disciplinado y emprendedor es este hombre de Dios que ahora nos escribe respecto a cómo tener un liderazgo eficaz. Le puedo garantizar que los principios contenidos en este sencillo escrito tienen el potencial de transformar su liderazgo. Dios le ha dado una habilidad al Dr. Maxwell de transmitir principios bíblicos de liderazgo en una manera sencilla y aplicable. Lo que más me gusta de su material es que es tan práctico que lo puedo poner por obra en mi vida ahora mismo. Son pocas las personas a quienes el Señor les ha dado esta extraordinaria habilidad.

Le encargo algo. Al leer este libro, no piense en otra persona. No intente aplicar las lecciones contenidas aquí a las vidas de otros líderes y personas que conozca. Esfuércese en ver de qué manera estas lecciones y principios pueden aplicarse a su vida y liderazgo personal. Le garantizo que tendrán un poderoso efecto en usted.

Una última recomendación. Habiendo tenido el alto honor de conocer de cerca a John Maxwell, estoy seguro que les pediría lo siguiente: Haga de este material su propiedad personal. Aduéñese de él. Enséñelo, predíquelo, compártalo a los cuatro vientos. Reúna a sus líderes, léales las páginas y enséñeles los principios. Que estas páginas sirvan para inspirar una nueva generación de líderes que piensen de manera más afín a estos tiempos y a esta generación. Con el material que leerá y aprenderá en estas páginas, únase al proceso de convertir estos principios bíblicos de liderazgo en un gran movimiento que cubra el mundo, levantando líderes siervos a la altura de la medida del varón perfecto.

Es con gran gozo que le recomiendo esta lectura, sabiendo que si aplica todo lo que aprenderá aquí, usted y su liderazgo nunca serán iguales.

¡Feliz lectura!   *Marcos Witt*
                                                                Houston, Abril 2002

1.

¿QUÉ ME ATRAE A LAS PERSONAS?

Comprenda las cualidades que disfruta en los demás

Lo fundamental en la vida son las personas y la forma en que estas se relacionan entre sí. Nuestros éxitos, nuestra realización y nuestra felicidad dependen de nuestra capacidad para relacionarnos de manera eficaz. La mejor forma de convertirse en una persona hacia la cual los demás se sienten atraídos es desarrollar cualidades que nos atraen al observarlas en otras personas.

Al prepararme para escribir este capítulo, recibí una tarjeta anónima de uno de los miembros de mi congregación. Tenía un significado especial, pues reflejaba la importancia de las relaciones profundas y recompensantes:

Cuando una persona especial toca nuestra vida, nos percatamos de cuán bello y maravilloso puede ser nuestro mundo.

Esa persona nos muestra que las esperanzas y los sueños pueden llevarnos lejos, ayudándonos a contemplar nuestro interior y a creer en quienes somos. Nos bendice con su amor y con su alegría en cada cosa que nos ofrece. Cuando una persona especial toca nuestra vida nos enseña a vivir.

¿Refleja esto el tipo de persona que es usted para los demás? Fue una bendición para mí el hecho de recibir esa tarjeta de felicitación. Me di cuenta de lo apropiada que resulta para este capítulo, en el cual consideramos las cualidades que necesitamos desarrollar en nuestra vida. esas cualidades que disfrutamos al verlas en los demás.

Un cartel colocado en cierta tienda por departamentos de la cadena

Nordstrom me llamó la atención en una oportunidad: «La única diferencia entre las tiendas es la forma en que estas tratan a sus clientes». Ese es un planteamiento osado. La mayoría de los establecimientos comerciales anunciarían la calidad de sus productos o la amplia variedad de sus ofertas como lo que realmente los diferenciaría del resto. La diferencia entre esa tienda y otros establecimientos comerciales, según un empleado de otra tienda, estriba en que otros establecimientos de ese tipo enfatizan la organización. No obstante, la cadena de tiendas Nordstrom se basa en las personas. Sus empleados están adiestrados para atender rápida y amablemente a los clientes. Como resultado de eso, esa tienda no tiene clientes sino aficionados.

Un estudio realizado por la TARP, un programa de investigación técnica en Washington, capital de los Estados Unidos, muestra que la mayoría de los clientes no se quejan ante la gerencia si surge algún inconveniente con relación a la compra. Pero la TARP descubrió que, según la severidad del problema, un cliente promedio le contará a entre nueve y dieciséis amigos y conocidos sobre la amarga experiencia. Un trece por ciento se lo contará a más de veinte personas. Más de dos de cada tres clientes que hayan sido mal atendidos nunca más comprarán en esa tienda y, lo que es peor, la gerencia nunca sabrá por qué.

Todas las compañías están destinadas a cometer errores de vez en cuando; pero desde el punto de vista del cliente, lo importante es que la compañía responda. Ese es el secreto del éxito de la cadena de tiendas Nordstrom. El estudio de la TARP igualmente apunta que el noventa y cinco por ciento de los clientes insatisfechos volverán a comprar en la tienda si el problema se resuelve *rápidamente*. Y, lo que es mejor, cada uno de ellos le contará a ocho personas acerca del feliz desenlace de la situación. El truco de los gerentes y de los vendedores es ofrecerles a los clientes un amplio margen de tiempo para opinar sobre el servicio que reciben.

Por supuesto, este capítulo no es sobre las tiendas por departamentos ni la satisfacción de los clientes; pero ciertamente existen algunos principios dentro de ese informe que nos hacen reflexionar en nuestras relaciones con las demás personas:

- ¿Respondemos de inmediato a las necesidades de los demás?
- ¿Huimos de los problemas o los enfrentamos?

• ¿Contamos más las malas noticias o las buenas noticias?
• ¿Les damos a las personas un margen de confianza o suponemos lo peor?

LA REGLA DE ORO

¿Cuál es la clave para las relaciones con los demás? Ponerse en el lugar de las demás personas en vez de ponerlas en su lugar. Cristo ofreció la regla perfecta para establecer relaciones humanas de calidad. Nosotros la calificamos como la «regla de oro», nombre dado durante el siglo diecisiete. Casi al finalizar el sermón del monte, Cristo resumió una serie de profundos pensamientos sobre la conducta humana cuando dijo: «Así que, todas las cosas que queráis que los hombres hagan con vosotros, así también haced vosotros con ellos» (Mateo 7:12).

En este sencillo mandamiento, Cristo nos enseñó dos cosas acerca del desarrollo de las relaciones con los demás. Necesitamos decidir cómo queremos que nos traten; luego debemos comenzar a tratar a los demás de esa manera.

Recientemente llevé a mi hija Elizabeth a almorzar a un restaurante. La camarera, cuya labor es atender a las personas, nos hizo sentir como si la estuviéramos importunando. Estaba de mal humor, tenía una actitud negativa y no fue nada servicial. Todos sus clientes estaban conscientes de que tenía un mal día. Elizabeth me miró y me dijo: «Papá, que malhumorada es, ¿verdad?» No me quedó otra cosa que estar de acuerdo con ella. Todo lo que le pedíamos a la camarera resultaba en una mirada de desdén de parte de ella.

En medio de nuestra amarga experiencia, intenté cambiar la actitud negativa de la camarera Extrayendo un billete de diez dólares, le dije: «¿Pudiera hacerme un favor? Necesito cambiar este billete porque deseo darle una buena propina.» La mujer me miró, dio media vuelta y se dirigió rápidamente hacia la caja registradora. Después de cambiar el dinero, estuvo merodeando alrededor de nosotros durante quince minutos. Le di las gracias por el servicio, le dije cuán importante y servicial era y le dejé una buena propina.

Mientras nos íbamos, Elizabeth me preguntó:
—Papá, ¿viste cómo cambió esa mujer?

Aprovechando esa oportunidad ideal, le respondí:

—Elizabeth, si quieres que las personas actúen correctamente contigo, actúa tú correctamente con ellas. Y muchas veces conseguirás hacerlas cambiar.

Elizabeth nunca olvidará esa lección porque vio ocurrir un cambio notable ante sus propios ojos. Aquella mujer malhumorada no se merecía que la trataran amablemente. Pero cuando la traté distinto a lo que era ella, de la forma en que yo quería que fuera y en la que creía que podía convertirla, repentinamente cambió su modo de actuar.

Cualquiera que sea su posición en una relación, si usted está consciente de un problema, es su responsabilidad concertar un esfuerzo en aras de generar un cambio positivo. Deje de estar señalando con el dedo a los demás y de estarse justificando, y trate de convertirse en un catalizador, mostrando e iniciando usted el comportamiento apropiado. Decídase a ser un *iniciador* y no un *contradictor*.

CINCO FORMAS EN LAS QUE USTED DESEA QUE LOS DEMÁS LO TRATEN

Estos próximos cinco puntos parecen demasiado sencillos para incluso mencionarse; pero de alguna forma los pasamos por alto. Las cualidades que garantizan las buenas relaciones no son nada complicadas. No hay una sola persona que lea esto que no necesite, que no le gusten o que no aprecie estas cualidades en los demás.

Usted quiere que los demás lo alienten

No existe mejor ejercicio para fortalecer el corazón que el de extender la mano y ayudar a las personas a levantarse. Piense en eso. La mayoría de sus mejores amigos son los que lo alientan. Usted no mantiene relaciones profundas con las personas que lo hacen quedar mal. Más bien, las evita y busca a las que creen en usted y lo alientan.

Hace algunos años el libro *Psychocybernetics* [Psicocibernética] por el doctor Maxwell Maltz era uno de los más populares en las librerías. El doctor Maltz realizaba cirugía plástica que en ocasiones transformaba rostros desfigurados en caras más atractivas. Ese médico observó que en cada caso, la imagen de sí mismo del paciente tenía muchísimo que ver con la mejoría física. Además de un exitoso cirujano, el doctor Maltz era un gran psicólogo que comprendió la naturaleza humana.

Una mujer muy rica estaba profundamente preocupada por su hijo, y acudió al doctor Maltz en busca de consejo. Ella tenía la esperanza de que su hijo se encargara de los negocios de la familia después de la muerte de su esposo. Sin embargo, cuando el muchacho llegó a su mayoría de edad, se negó a asumir esa responsabilidad y decidió dedicarse a un campo completamente distinto. La mujer pensó que el doctor Maltz la ayudaría a convencer a su hijo de que estaba cometiendo un grave error. El médico accedió a verlo e investigó las razones de la decisión de aquel joven.

El hijo le explicó al médico:

«Me hubiera gustado encargarme de los negocios de la familia; pero usted no sabe el tipo de relación que tuve con mi padre. Él era un hombre emprendedor que tuvo éxito después de luchar mucho en la vida. Su meta era enseñarme a no depender de nadie; pero cometió un gran error. Trató de enseñarme ese principio de forma negativa. Creía que la mejor forma de enseñarme a depender de mí mismo era si nunca me alentaba ni me elogiaba. Quería que yo fuera fuerte e independiente. Todos los días practicábamos béisbol en el patio. La meta era que yo agarrara la bola diez veces consecutivas. Yo agarraba la bola ocho o nueve veces seguidas; pero en el décimo tiro él hacía todo lo posible para que yo no la pudiera agarrar. La tiraba por el suelo, o por encima de mi cabeza, pero siempre de forma tal que me resultaba imposible agarrarla.

El joven hizo una pausa por un instante y luego prosiguió, diciendo:

«Nunca me dejó agarrar el décimo tiro; nunca. Y es por eso que pienso que tengo que alejarme de su negocio. Quiero agarrar esa décima bola.»

Ese joven creció con la idea de que nunca lograría estar a la altura de las circunstancias, de que nunca sería lo suficientemente perfecto para complacer a su padre. Yo no quisiera ser el culpable de causarles trastornos emocionales a mi esposa, a mis hijos o a mis amistades por no brindarles la oportunidad de tener éxito.

Cuando Elizabeth y yo jugábamos, yo lanzaba la bola y ella bateaba. Yo le decía que era responsabilidad mía golpear el bate con la bola. En una ocasión intentó batear por lo menos veinte veces sin éxito. Finalmente, en medio de su desesperación y su disgusto, me dijo: «Necesito otro lanzador. Tú no puedes darle al bate.»

Con toda intención fui criticado por mi incapacidad de permitirle tener éxito. Desde entonces he mejorado.

La historia de Eugene Lang nos ofrece un ejemplo definitivo de aliento. El empresario Lang fue nombrado «Hombre del año» en 1986 por la revista *Success* [Éxito]. Lo que leerá a continuación es parte del artículo sobre la forma en que Lang alienta a los demás:

Un hombre canoso está de pie solo en el centro del escenario del auditorio. Tiene aspecto paternal y distinguido; luce un elegante traje de lana y un finísimo bigote. Revisa la habitación iluminada por el sol, con la pintura descascarada y sus cortinas deshilachadas, y se queda mirando a las personas.

La mayoría de los hombres y las mujeres que ocupan los asientos del auditorio son hispanoamericanos o de raza negra. Aunque algunos de ellos no hablan inglés, mantienen su atención fija en el hombre de pie en el podio. Pero su discurso no va dirigido a ellos.

Ese hombre ha regresado al lugar donde en una oportunidad fue estudiante para dirigirse a los sesenta alumnos de sexto grado, que vistiendo gorras y atuendos azules, están sentados en las primeras filas.

—Esta es su primera graduación, el momento ideal para soñar —les dice—. Sueñen con lo que quieren ser, el tipo de vida que quieren construir. Y crean en ese sueño. Estén dispuestos a trabajar para lograr ese sueño. Recuerden siempre que cada sueño es importante, porque son sus sueños, es su futuro. Y vale la pena esforzarse para lograrlos.

—Tienen que estudiar —continúa diciendo—. Tienen que aprender. Tienen que ir a la secundaria, y después a la universidad. Ustedes pueden ir a la universidad. Tienen que ir a la universidad. Sigan en la escuela y yo . . .

El orador hace una pausa y, entonces, como si estuviera inspirado de repente, exclama:

—Le daré una beca universitaria a cada uno de ustedes.

De momento se hace silencio; pero de inmediato una ola de emoción se apodera del público. Todas las personas del auditorio se ponen de pie. Saltan y corren, vitorean, agitan las manos y se abrazan unas a otras.

—¿Qué fue lo que dijo? —exclama una mujer en español.

—¡Ofreció dinero! Dinero para ir a la universidad —responde su hija a gritos, y se tira en los brazos de sus padres.

El lugar era una escuela primaria ubicada en uno de los barrios bajos de Harlem, azotado por la pobreza, las drogas y la falta de esperanza. El orador era el empresario multimillonario Eugene Lang, quien había egresado de esa misma escuela cincuenta y tres años antes. La fecha era el 25 de junio de 1981, y la gran pregunta era si el amable y siempre seguro de sí mismo Eugene Lang, un hombre que cree en la premisa de que «cada persona tiene un valor y una dignidad infinitas», cumpliría su promesa.

Bueno, pues, sí lo hizo, y aún continúa haciéndolo. En efecto, esos estudiantes están ahora graduados de la escuela secundaria, y sólo uno de ellos abandonó la secundaria desde el sexto grado. Es asombroso, porque en esa comunidad el noventa por ciento de los muchachos abandonan la enseñanza en la secundaria.

Lang creó la fundación «I Have a Dream» [Tengo un sueño] y ahora otros empresarios de la ciudad de Nueva York han comenzado a asistir a las aulas para ofrecer el mismo tipo de becas. En la actualidad existen en Harlem entre quinientos y seiscientos estudiantes que recibirán esa recompensa si no abandonan la escuela.

Las personas necesitan que las alienten. Eugene Lang creyó en esos estudiantes y eso cambió radicalmente la forma en que desarrollaron su vida.

Los estudiantes de Eugene Lang expresan con toda confianza que han de convertirse en arquitectos, expertos en computación, empresarios de todo tipo. El doctor Lang afirma que veinticinco de ellos irán a la universidad este año. El resto recibirá su certificado de la secundaria, oportunidades para adiestramiento vocacional y finalmente, tendrán un trabajo. «Este enfoque es perfectamente correcto», señala Charles Murray del Instituto de Investigación de Normas de Manhattan, quien en su libro *Losing Ground* [Perdiendo terreno] se lamenta de que los pobres están perdiendo el ímpetu para escalar y alcanzar el éxito.

Ari Alvarado lo expresó desde el punto de vista de los estudiantes: «Hay algo que me espera —dijo—, y eso es un sueño dorado.» Y si

e efecto, bien pudiera convertirse en la más exi-
...pitalista; pues, como bien plantea George Gilder, las
...el capitalismo no nacen de la codicia sino de la entrega. El
verdadero capitalista es aquel que invierte dinero y energía hoy con
la esperanza de recibir algo a cambio en un futuro incierto. Eso es
lo que ha hecho Eugene Lang, y es probable que algunos de sus
estudiantes soñadores sigan su ejemplo. «Quiero ser médico y hacer
el bien, para que algún día pueda yo también adoptar mi propio
grupo —afirma el optimista Ari Alvarado— Tan sólo imagínese si
todos adoptáramos grupos de estudiantes. . . ¡Pudiera extenderse
por todo el mundo!»

Eso es precisamente lo que Eugene Lang espera que ocurra.
«Tenemos que crear la oportunidad de poder trabajar con esperanza
—dice él—, trabajar con ambición y con respeto hacia uno mismo.
¿Las recompensas? No hay forma de describir la alegría que se
siente cuando un joven le toca el brazo a uno y le sonríe porque uno
le ha enseñado nuevos ideales y ha llegado hasta su mente y su corazón. La mejor experiencia que se puede vivir es la de ver a un niño
con sus nuevas aspiraciones.»

La personas más felices son las que han invertido su tiempo en los
demás. Las personas más infelices son las que se preguntan cómo el
mundo va a hacerlos felices. Al gran psiquiatra Karl Menninger le
preguntaron lo que debiera hacer una persona sola e infeliz; a lo que
respondió: «Salga y cierre la puerta, cruce la calle, busque alguna persona que esté dolida y ayúdela.» Olvídese de usted mismo y ayude a
los demás.

Usted quiere que los demás lo aprecien

William James ha dicho: «El principio más arraigado en la naturaleza humana es el deseo ardiente de ser reconocido por los
demás.»

¿Ha oído acerca del joven político que pronunció su primer discurso de campaña? Estaba ansioso por impresionar al público; pero
cuando llegó al auditorio había sólo un hombre sentado allí. Esperó
a ver si llegaban más personas; pero nadie más apareció. Finalmente
le dijo al único hombre que estaba en el auditorio:

—Mire, soy un político joven que recién comienza. ¿Cree usted
que deba pronunciar el discurso o suspender la reunión?

El hombre pensó por un momento y luego respondió:

—Soy sólo un vaquero. Sólo sé de vacas. Pero, por supuesto, sé que si descargo una cantidad de heno y sólo viene una vaca a pastar, a esa yo la alimento.

Principio: *No podemos subestimar el valor de una sola persona.*

Siguiendo el consejo del vaquero, el político comenzó a pronunciar su discurso y se mantuvo hablando y hablando durante dos horas mientras el vaquero permanecía sentado inexpresivamente. Finalmente, cesó de hablar y le preguntó al vaquero si el discurso había estado bueno.

El hombre le respondió:

—Señor, sólo soy un vaquero y sólo sé de vacas. Pero, por supuesto, sé que si descargo una cantidad de heno y sólo viniera una vaca a pastar, no le daría todo el heno a esa vaca.

Principio: *No se aproveche de las personas.*

J. C. Staehle, tras analizar muchas encuestas, concluyó que las causas fundamentales que generan intranquilidad entre los trabajadores son las siguientes, por orden de importancia:

1. La omisión de dar crédito a las sugerencias.
2. La omisión de corregir los desagravios.
3. La omisión de alentar.
4. La crítica en público de los empleados.
5. La omisión de pedir la opinión de los empleados.
6. La omisión de informarles a los empleados sus buenos resultados de trabajo.
7. El favoritismo.

Note que cada uno de esos aspectos por separado guarda relación con la omisión de reconocer la importancia de los empleados. Se trata de personas que necesitan reconocimiento. Yo hago lo posible para aplicar este principio cada vez que conozco a alguien. Durante los primeros treinta segundos de conversación, trato de decir algo que muestre que aprecio y apruebo a esa persona. Eso impone el ritmo del resto del tiempo que permanecemos juntos. Incluso una afirmación inmediata hará que la persona se sienta apreciada.

Trate a los demás como usted desea ser tratado por ellos. Trátelos como si fueran importantes; ellos reaccionarán según la forma en que usted los percibe. La mayoría pensamos cosas maravillosas acerca de las personas; pero nunca lo llegan a saber. Muchos tenemos la tendencia a ser austeros con nuestros halagos. De nada sirve si todo lo que hacemos es pensar en eso. Sólo adquiere valor cuando lo ofrecemos.

Usted quiere que los demás lo perdonen

Casi todos los problemas y las tensiones emocionales provienen de conflictos sin solucionar, de no haber sido capaces de desarrollar relaciones adecuadas con las personas. Debido a eso, muchas personas sienten profundamente el deseo por un perdón total. Saber perdonar constituye el ingrediente básico y necesario para una relación sólida. El perdón nos libra de la culpa y nos permite interactuar positivamente con otras personas.

Ernesto Hemingway, en su cuento corto titulado «La capital del mundo», narra la historia de un padre y su hijo adolescente que vivieron en España. La relación entre ambos se tornó tensa, hasta el punto de destruirse, y el hijo huyó de casa. El padre emprendió entonces un largo viaje en busca de su hijo rebelde, hasta que, finalmente, como último recurso, colocó un anuncio en el diario de Madrid.

El hijo se llamaba Paco, nombre muy común en España. El anuncio decía simplemente: «Querido Paco: Nos vemos mañana al mediodía frente a las oficinas del diario de Madrid. Te perdono todo y te amo.» Como lo narra Hemingway, al día siguiente, al mediodía, había ochocientos «Pacos» frente a las oficinas del periódico; todos en busca del perdón.

Existen innumerables Pacos en todo el mundo, que por sobre todo desean el perdón. La generosidad y el perdón son las dos características más distintivas de un cristiano. Muéstreme un hombre que camina de la mano de Dios, y le mostraré una persona generosa y de ánimo perdonador hacia los demás.

Desafortunadamente, la verdad es que muchos de nosotros, en lugar de ofrecer completo perdón, repetimos algo parecido a esta oración irlandesa:

Que los que nos aman, nos amen; y que Dios tuerza el corazón de los que no nos aman. Y si él no lo hace, que les tuerza los tobillos, para que los reconozcamos cuando cojeen.

Las personas a quienes les resulta difícil perdonar, no se ven a sí mismas de manera realista. Son, o bien sumamente arrogantes o tremendamente inseguras. Aunque guardar rencor le proporciona a algunas personas un sentimiento de satisfacción, lo cierto es que los que no perdonan se hacen más daño a sí mismos que el daño que le puedan hacer a los demás. Una persona con esa característica y que lleva la cuenta en sus relaciones, se siente presionada emocional y, en ocasiones, también físicamente. Sencillamente no estamos hechos para soportar todas las presiones causadas porque guardamos rencor.

Hace algunas semanas conocí a un hombre con un pasado devastador. Su padre había sufrido un derrame cerebral y su madre se había accidentado gravemente. Ninguno de los dos puede comunicarse en forma alguna con él. Hay facetas en la vida de ese hombre en las que necesita y quiere el perdón de sus padres; pero como ambos están impedidos físicamente y no pueden comunicarse, no está seguro de que ellos lo comprendan. Día tras día va al hospital y les pide perdón; pero no consigue respuesta alguna. Esa situación lo priva de toda felicidad.

Ese mismo hombre tiene un hermano mayor con quien no habla hace ya más de dos años. Es por culpa del propio hermano mayor, y mi amigo quiere que su hermano sea quien dé el primer paso para hacer las paces y enmendar las relaciones entre ambos. Le dije a mi amigo que permitiera que Dios limpiara su corazón con respecto a las relaciones con sus padres, y que fuera él quien diera el primer paso para mejorar las relaciones con su hermano.

El domingo siguiente, mi amigo se me acercó después de concluir el culto. No dijo una sola palabra; pero sí me dio un gran abrazo. Intuitivamente supe lo que había ocurrido y le dije:

—Enmendaste las relaciones, ¿verdad?

—Sí, ya me encargué de eso —me respondió, con una sonrisa en sus labios que evidenciaba el gran peso que se le había quitado de encima.

Con bastante frecuencia las personas esperan demasiado tiempo para perdonar a los demás. El perdón debe concederse tan rápida y totalmente como sea posible. Hágalo ahora. No vaya a ser que le suceda como al joven que ya no tiene la oportunidad de comunicarse con sus padres. Por no haber actuado de inmediato, nunca experimentará el gozo del perdón de sus padres ni experimentará la reconciliación.

Una de las escenas más impactantes de la década de los años setenta fue el entierro del senador de los Estados Unidos, Hubert Humphrey. Sentado junto a la amada esposa de Hubert estaba el ex presidente Richard Nixon, viejo adversario político de Hubert, un hombre que había sido deshonrado por el escándalo de Watergate. El propio Humphrey le había pedido a Nixon que ocupara ese lugar de honor el día de su muerte.

Tres días antes de la muerte del senador Humphrey, Jesse Jackson lo visitó en el hospital. Humphrey le dijo a Jackson que había llamado a Nixon. El reverendo Jackson, que conocía la relación que había existido entre ambos en el pasado, le preguntó por qué. Esto fue lo que le respondió Hubert Humphrey: «Ahora, en el ocaso de mi vida, todos los discursos, todas las convenciones políticas, las multitudes y las grandes disputas han quedado atrás. En momentos como este uno se ve obligado a tratar con su propia esencia irreductible y enfrentarse a lo que realmente es importante. Con respecto a la vida he llegado a la conclusión que al final de la jornada debemos perdonarnos unos a otros y seguir adelante.»

¿Sabe usted cómo morir con honor? Deje de llevar la cuenta de las injusticias que se han cometido en su contra. Si está peleado con alguien, dé el primer paso; enfrente el problema y ofrezca o pida perdón.

Recibí una carta de un pastor quien, junto con varios laicos de su iglesia, me escuchó hablar en una conferencia celebrada hace siete años. Los laicos se entusiasmaron mucho con las cosas que aprendieron. Sin embargo, el pastor levantó un muro para defenderse. Él no quedó entusiasmado, sobre todo cuando lo obligaron a poner en práctica los principios que yo había presentado. Finalmente, se marchó de la iglesia. Recientemente recibí una carta de él, en la cual me decía que durante los últimos siete años había estado amargado conmigo. Me pidió perdón. Le respondí enseguida, asegurándole que lo perdonaba.

Durante mis años en este ministerio ha habido cientos de ocasiones en las cuales he vivido relaciones tensas. Ha habido personas que me han insultado, que me han dicho para dónde tengo que irme y cómo llegar allá; incluso me han ofrecido su ayuda. Pero nunca, de manera consciente, he permitido que salgan por la puerta sin haberles dicho que las amo. No guardo rencor ni tengo resenti-

mientos en contra de nadie. No puedo enfatizar este punto lo suficiente; si usted no tiene paz no es porque alguien se la arrebató.
Usted se deshizo de ella. No siempre puede controlar las cosas que
le ocurren; pero sí puede controlar las cosas que le ocurren interna-
mente.

Usted quiere que los demás lo escuchen

Recientemente hice una pausa en mi trabajo y crucé la calle hasta
la cafetería para tomarme un refresco. Allí había un hombre sentado, hablando con la muchacha que estaba detrás del mostrador. Al
reconocerme, me dijo: «Pastor, ella me ha estado escuchando toda
la mañana. Le he estado contando la historia de mi vida.» Me percaté de cuán importante era para él que ella estuviera escuchándolo
atentamente y me interesé en saber lo que aquel hombre tenía que
decir. Eso hizo que se sintiera valorado.

Mi madre era la bibliotecaria de la misma universidad donde yo
estudié. Cada vez que entraba en la biblioteca había media docena
de muchachas alrededor de su mesa. Ella siempre ha tenido una
inclinación increíble a ofrecer consejos, y no precisamente porque
sea una persona muy conversadora, sino porque sabe escuchar atentamente. Existe una diferencia entre oír a las personas y escuchar-
las. Escuchar significa querer oír. Mi mamá es una persona muy
sociable y siempre desea escuchar a las personas. Cualquiera
reacciona positivamente a ese tipo de cariño.

En la medida en que las personas adquieren mayor autoridad, en
ocasiones denotan impaciencia para escuchar a sus subordinados.
Un oído sordo es la primera señal de una mente cerrada. Mientras
más ascienden en niveles de responsabilidad, y en la medida en que
se incrementa su autoridad, menos obligadas se sienten las personas
a escuchar a los demás. Sin embargo, la necesidad que tienen de
escuchar es mayor que nunca. Mientras más alto escalen en los niveles de liderazgo, más dependerán de los demás para recibir información correcta. Si no se han hecho el hábito de escuchar, cuidadosa
e inteligentemente, no van a ser capaces de recibir la información
que necesitan, y las demás personas tomarán a mal sus decisiones.

Una vez vi una pieza corta en televisión, que con algunas variantes, pudiera parecer una escena familiar en muchos hogares. El
esposo está mirando la televisión mientras su esposa intenta darle
conversación:

Esposa: Querido, el plomero no vino hoy para arreglar la cañería detrás del calentador de agua.

Esposo: Ajá.

Esposa: La tubería se reventó hoy y el agua inundó el sótano.

Esposo: ¡Cállate! Están en el tercer tiempo y van a marcar un gol.

Esposa: Varios cables se mojaron y por poco Fluffy se electrocuta.

Esposo: ¡Vaya suerte! Perdieron ese gol.

Esposa: El veterinario dice que se pondrá bien dentro de una semana.

Esposo: ¿Puedes alcanzarme una Coca-Cola?

Esposa: El plomero me dijo que se alegraba de que la tubería se haya roto porque así podrá tener dinero para irse de vacaciones.

Esposo: ¿No me estás escuchando? Te dije que quería una Coca-Cola.

Esposa: ¿Sabes Stanley? Te voy a dejar. El plomero y yo nos vamos para Acapulco mañana temprano.

Esposo: ¿Quieres dejar de hablar tanto y traerme una Coca-Cola? El problema en esta casa es que nunca nadie me escucha.

Usted quiere que los demás lo comprendan

¿Cómo se siente cuando lo han malinterpretado? ¿Cuáles son los sentimientos que se acumulan dentro de usted? ¿Soledad? ¿Frustración? ¿Desilusión? ¿Resentimiento? Esos son algunos de los sentimientos más comunes cuando nos han malinterpretado.

Peter Drucker, conocido en ocasiones como el «padre de la administración norteamericana», sostiene que el sesenta por ciento de todos los problemas administrativos son el resultado de una mala comunicación. Un importante especialista en temas matrimoniales señala que por lo menos la mitad de los divorcios son el resultado de una mala comunicación entre los cónyuges. Y los criminalistas nos aseguran que mucho más del noventa por ciento de los delincuentes presentan dificultades para comunicarse con otras personas. La comunicación es fundamental para la comprensión.

Agrupemos los aspectos que hemos abordado en estas últimas páginas. Usted quiere que los demás:

* lo alienten
* lo aprecien
* lo perdonen
* lo escuchen
* lo comprendan

Al pensar en esas cualidades, valore cómo las mismas se aplican en su propia vida. Quizás el siguiente breve cursillo sobre las relaciones humanas pueda servir para que desarrollemos las cualidades que admiramos en los demás:

La palabra menos importante:
Yo (es la que menos resultados logra)
La palabra más importante:
Nosotros (es la que logra mayores resultados) —relaciones
Las dos palabras más importantes:
Muchas gracias —aprecio
Las tres palabras más importantes:
Yo te perdono —perdón
Las cuatro palabras más importantes:
¿Cuál es tu opinión? —oído atento
Las cinco palabras más importantes:
Lo has hecho muy bien —aliento
Las seis palabras más importantes:
A mí me gustaría conocerte mejor —comprensión

En la vida, usted siempre verá a las personas o bien como adversarios, o como aliados. Si se trata de adversarios, estará todo el tiempo luchando contra ellas, tratando de defender su posición. En cambio, si las personas son sus aliados, entonces las ayudará a descubrir sus potencialidades, y serán aliados; cada uno entregará lo mejor de sí. El día más feliz de su vida será cuando se percate de que «nosotros» es la palabra más importante del idioma español.

PÓNGALO EN PRÁCTICA

Principios clave

- Nuestro éxito, nuestros logros y nuestra felicidad dependen de nuestra capacidad de relacionarnos eficazmente con las demás personas.
- La clave para relacionarse con los demás es ponerse uno en el lugar de los demás, en vez de poner en su sitio a los demás.
- Trate a las personas de la misma forma que a usted le gustaría que lo trataran:

  Aliente
  Aprecie
  Perdone
  Escuche
  Comprenda

- Vea a las personas como aliados, no como adversarios.
- La palabra «nosotros» es el vocablo más importante del idioma español.

Aplicación de estos principios

En mis relaciones con las demás personas, aplicaré los principios que aparecen en este capítulo de la siguiente forma:

1.
2.
3.

Para más información

La superación, por Alan Loy McGinnis
Amistad: factor decisivo en las relaciones humanas, por Alan Loy McGinnis

2.

¿QUÉ ATRAE A LAS PERSONAS HACIA MÍ?

Comprenda lo que les gusta de usted a las personas y por qué

Los grandes líderes la tienen, esa cualidad especial que hace que las personas se sientan atraídas hacia el magnetismo de la personalidad de ellos. Los grandes artistas evidencian ese «extra». Todos poseemos la potencialidad para desarrollar la cualidad que deja establecida la diferencia entre la personalidad y la personalidad superior. ¿Qué cualidades atraen a los demás hacia mí? Podemos resumirlas en una sola palabra: carisma.

El carisma puede constituir un tema difícil de abordar debido a que para la mayoría de las personas se trata de una cualidad mística, elusiva e indefinida que uno tiene o no. Hay varias definiciones del término carisma; pero utilizaremos este: «Una clase personal de liderazgo que despierta una lealtad o un entusiasmo popular especial.»

Cada uno de nosotros tenemos ciertas habilidades que incrementarían el carisma de nuestra personalidad. No se necesita hacer un gran esfuerzo para que uno se transforme en algo incómodo para su naturaleza básica. Sin embargo, si lo que usted desea es convertirse en una persona que sabe apreciar y atraer a los demás, necesita desarrollar una personalidad atractiva que haga que los demás reaccionen positivamente hacia usted.

Si hacemos un análisis de la personalidad de varios de los presidentes de los Estados Unidos, resulta obvio observar por qué algunos han tenido más éxito que otros a la hora de atraer al público en general. Ronald Reagan tenía la habilidad de transmitir humor, calor personal y tranquilidad. Sabía qué hacer para que los demás se sintieran bien con sí mismos. John F. Kennedy sabía transmitirles a los demás un sentimiento de esperanza. Generaba una energía ilimitada que hacía que cada norteamericano se sintiera importante y necesario. Nuestros líderes favoritos siempre se destacarán debido al factor carisma.

Usando la palabra CARISMA en forma de acróstico, podemos definir las características que sobresalen en las personas carismáticas:
- Cuidado
- Ayuda y acción
- Resultados
- Influencia
- Sensibilidad
- Motivación
- Afirmación

Hay que tener en mente que estas características no nacen con las personas. Las mismas pueden lograrlas cualquiera que se interese por desarrollar sus propias habilidades en materia de relaciones. Veamos ahora con mayor profundidad cada una de las características que encierra la palabra CARISMA.

CUIDADO: MOSTRAR PREOCUPACIÓN

Las personas con carisma tienen la capacidad de mostrar genuino interés por las necesidades y los intereses más profundos de otras personas. Eso no quiere decir que las personas con carisma sean exageradamente sentimentales y condescendientes, sino que cuando usted está con ellas, siente que les interesa lo que tiene que ver con usted, y eso lo deja a usted con una sensación de que verdaderamente es importante.

Alguien una vez le preguntó a Perle Mesta, la gran anfitriona de Washington después de Dolley Madison, cuál era su secreto para lograr que tantas personas ricas y famosas asistieran a sus fiestas. «La clave del éxito está en los saludos y en las despedidas», fue su respuesta. A cada uno de los invitados que llegaba ella lo recibía con un: «¡Al fin llegas!» Cuando se marchaban, los despedía con un: «¡Cuánto siento que tengas que marcharte tan temprano!»

En cualquier reunión usted siempre va a encontrar dos tipos de personas: las que llegan con la actitud de «Aquí estoy», y los que tienen la actitud que los hace decir: «¡Qué gusto de verte!» No se necesita mucho tiempo para darse cuenta de que las personas se reúnen en torno a los del segundo grupo.

Dan Reiland, uno de los integrantes de mi equipo de trabajo, y yo estábamos conversando sobre el carisma y sobre las razones por las cuales a muchas personas se les hace difícil comprenderlo. Dan me ofreció una definición sencilla, que facilita la comprensión de la palabra carisma: Estar más preocupado por hacer que los demás se sientan bien con sí mismos, que por lograr que se sientan bien con uno. En otras palabras, no trate de quedar bien con las personas, trate que las personas queden bien con ellas mismas.

Si necesita preocuparse más por los demás en su vida, expóngase más a las personas que sufren. Veamos la preocupación de Jesucristo en Mateo 9:35-38 (cursivas añadidas):

Recorría Jesús todas las ciudades y aldeas, *enseñando* en las sinagogas de ellos, y *predicando* el evangelio del reino, y sanando toda enfermedad y toda dolencia en el pueblo. Y al *ver* las multitudes tuvo *compasión* de ellas; porque estaban desamparadas y dispersas como ovejas que no tienen pastor. Entonces dijo a sus discípulos: A la verdad la mies es mucha, mas los obreros pocos. Rogad, pues, al Señor de las mies, que envíe obreros a sus mies.

He aquí la secuencia: Jesucristo fue, vio, sintió y se compadeció. Sólo cuando vamos y nos exponemos ante distintas situaciones es que veremos lo suficiente como para desarrollar la preocupación necesaria que nos mueva a la acción.

Es difícil sentirse motivado a ayudar a los demás sin que antes veamos y sintamos sus necesidades. El secreto estriba en pasar tiempo con ellos. Sólo cuando usted vaya y vea es que sentirá y hará.

AYUDA: DAR DE SÍ MISMO A LOS DEMÁS

Dicho de una manera sencilla, las personas con carisma son serviciales. Lo que les interesa es ver a los demás tener éxito; tienen el don de la gracia. De hecho, la palabra en griego para definir don es precisamente «carisma», que significa «don de la gracia». Dios nos ha concedido dones espirituales debido a su gracia divina hacia nosotros.

En Romanos 12:6 leemos algo más respecto a esto: «De manera

que, teniendo diferentes dones, según la gracia que nos es dada, si el de profecía, úsese conforme a la medida de la fe.» Y vemos lo siguiente en Efesios 4:11-12: «y él mismo constituyó a unos, apóstoles; a otros, profetas; a otros, evangelistas; a otros, pastores y maestros, a fin de perfeccionar a los santos para la obra del ministerio, para la edificación del cuerpo de Cristo.»

Nótese que en ambas referencias el énfasis se centra en la variedad de dones y el propósito de los mismos en el reino de Dios. Siempre son para beneficio de otras personas, nunca para uno mismo. No existe carisma en el aislamiento. ¡Usted no puede entrar en un recinto e irradiar carisma por sí solo!

Las personas tienen problemas. A muchas les ocurre como al tipo asediado, que en medio de su desesperación, recurrió a la ayuda de un psiquiatra. Este le dijo al médico: «Cada vez que consigo hacer las cosas bien, la cortina se me cierra.» Ese hombre necesitaba mucho más que simple piedad y preocupaci6n; necesitaba ayuda. Notará que si usted es dado a solucionar problemas, eso le garantizará un futuro brillante.

Mi personaje favorito en las caricaturas y en los dibujos animados, es Charlie Brown, porque muestra una actitud con la cual muchos podemos identificarnos. Él y Linus conversaban acerca de sus problemas.

—Me parece que siempre es incorrecto estarse preocupando por el mañana —dijo Linus—. Quizás debamos pensar sólo en el presente.

Charlie Brown le respondió:

—No, eso significa rendirse. Aún tengo la esperanza de que ayer será mejor.

¿Qué puede hacer usted para ayudar a las personas con sus problemas? Ante todo, alentarlas a enfrentarlos. Con bastante frecuencia las personas huyen de los problemas, luchan contra ellos o los olvidan.

Luego debe exhortar a las personas a resolver sus problemas. Siga estos consejos:

1. Dígales que el proceso toma tiempo.
2. Expóngase a los problemas de las personas con el fin de comprenderlas mejor.

3. Ofrezca esperanza durante todo el proceso.

4. Muéstreles cómo enfrentar sus problemas de manera creativa.

5. Asegúreles que les tiene confianza.

Me encanta esta historia sobre la creatividad a la hora de resolver los problemas. El señor Myrick tuvo que ir a Chicago en un viaje de negocios y convenció a su hermano para que le cuidara el gato durante su ausencia. El hermano del señor Myrick no era una persona a la que le agradaran los gatos; pero de todas formas aceptó hacerle ese favor. Cuando el señor Myrick regresó de su viaje, llamó a su hermano desde el aeropuerto para informarle de su llegada y para averiguar por el gato.

El hermano le dijo en un tono obvio: «Tu gato murió», y le colgó el teléfono.

Durante varios días el señor Myrick no tuvo consuelo. Después su tristeza se transformó en ira contra su hermano por su cruel honestidad e insensibilidad. Entonces llamó a su hermano por teléfono y le dijo:

—No había necesidad de ser tan sádico y cruel para decirme de una forma tan abrupta que mi pobre gato había fallecido.

—¿Qué esperabas que hiciera? —le reprochó el hermano.

—Pudiste haberme dicho esa mala noticia poco a poco —protestó Myrick—. Primero debías haberme dicho que el gato estaba jugando en el tejado. Después me hubieras llamado para decirme que se había caído. A la mañana siguiente pudieras haberme dicho que el animalito se había roto una pata. Después, cuando pasara a recogerlo, me hubieras dicho que había fallecido por la noche. Pero bueno, a ti no te nace ser civilizado. Ahora dime, ¿cómo está mamá?

Tras una larga pausa, una voz sumisa respondió del otro lado de la línea:

—Está jugando en el tejado.

El insensible hermano del señor Myrick aprendió que siempre debe haber un proceso con respecto a la solución de los problemas.

ACCIÓN: HACER QUE LAS COSAS OCURRAN

Siempre hay alguna cosa emocionante que parece estarle ocurriendo a una persona carismática. La persona con carisma siente aversión a ser aburrido. Él o ella suele ser polémico, inusual, gracioso; pero nunca aburrido.

Sea sincero con usted mismo y valore cómo llega hasta los demás. Un joven, durante un culto religioso carente de elocuencia, se volvió hacia su madre y le dijo: «Págale a este hombre y vámonos para la casa.» Obviamente, a aquel predicador le faltaba carisma.

Cuando le preguntaron al evangelista John Wesley por qué las personas se sentían atraídas hacia él, respondió: «Usted verá. Cuando nos arde el corazón, otros desean sentir el mismo fuego, a las personas les encanta acercarse para verlo arder.»

¿Quiere incrementar el interés de los demás hacia usted? Desarrolle su creatividad y su confianza. La creatividad es la habilidad de decir las cosas de una manera inusual. La confianza es la capacidad de hacer las cosas de una manera inusual. Las personas con carisma saben hacer ambas cosas. Desarrolle esas dos vertientes y el mundo se fijará en usted.

Como orador y pastor, siempre quiero que mis presentaciones tengan frescura y emoción. Utilizo el humor para contribuir a la comprensión de un determinado punto; pero nunca me aparto de la verdad. Mucho después que el contenido del mensaje se haya olvidado, las personas recordarán la creatividad de la ilustración y la verdad que se recalcó.

RESULTADOS: LA CAPACIDAD DE PRODUCIR

Las personas con carisma gustan de estar del lado ganador de la vida. A las personas les gusta estar cerca de los ganadores y jugar en un equipo ganador.

Un niño que está jugando ajedrez con su abuelo dice:

—Oh, no, otra vez no, abuelo. tú siempre ganas.

—¿Qué quieres que haga? —le responde el abuelo—. ¿Quieres que pierda a propósito? Si hago eso no aprenderás nada.

Entonces el niño replica diciendo:

—Yo no quiero aprender nada. Lo que quiero es ganar.

Las personas con carisma no sólo desean ganar, sino que también quieren que los demás ganen. Eso genera productividad.

¿Cómo puede uno volverse productivo? Busque su fuerza y después busque a alguien que necesite de su fuerza. Las personas con carisma hacen uso de sus fuerzas para ayudar a otras personas a sentirse bien con respecto a sí mismas. Sus metas se centran en las demás personas. La persona que es egocentrista emplea su fuerza para dominar a los demás.

INFLUENCIA: LA CAPACIDAD DE DIRIGIR

El liderazgo significa tener influencia. Sí algo nuevo, emocionante e interesante ocurre en su vida, usted querrá contárselo. Al hacer eso, ejercerá influencia sobre los demás y estos querrán seguirlo. Lo que a usted le sucede habla de sus circunstancias. Lo que ocurre dentro de usted habla acerca de su carácter. Y lo que ocurre por medio de usted habla de su carisma.

¿Quiere saber cómo ejercer influencia positiva sobre las demás personas? Hay cinco factores que entran en juego en este sentido:

- Quién soy: mi posición o título.
- Dónde estoy: mi ubicación o trabajo.
- A quién conozco: mi esfera de influencia. Las personas abren las puertas de la oportunidad.
- Lo que conozco: mi esfera de conocimientos. Esto lo mantendrá en determinada posición mucho después que desaparezca la influencia de alguien a quien conoce.
- Lo que hago: mi producción, mi carácter y mi creatividad.

SENSIBILIDAD: SENTIR Y RESPONDER

Las personas con carisma tienen la capacidad de ser sensibles ante situaciones cambiantes. Son personas dadas a aprovecharse del estado de ánimo, de los sentimientos y del espíritu de las situaciones. La ma-yoría de las personas tienen la capacidad de sentir algo; pero no están seguras en cuanto a cómo reaccionar ante eso o a cómo expresarlo. Las personas con carisma no sólo lo sienten, sino que también saben cómo reaccionar ante los sentimientos y cómo expresarlos.

Las personas con carisma descubren una causa; eso es discernimiento. De igual forma plantean una preocupación; eso es valor. Y atraen una multitud; eso ocurre automáticamente.

A finales de la década de los años sesenta y a comienzos de los años setenta, vi por televisión un documental sobre George Wallace. Por aquel entonces, Wallace era una figura reconocida dentro de la política norteamericana, quizás por su filosofía con respecto a la temática de los derechos civiles. Nadie ponía en duda cuál era su posición cuando él proclamaba: «¡Segregación ayer, segregación hoy y segregación por siempre!» Era un ejemplo fehaciente de un líder carismático que decía lo que el público deseaba escuchar. Se convirtió en todo un experto en el arte de aprovecharse del estado de ánimo prevaleciente. Como era capaz de expresar de manera convincente los sentimientos de determinados segmentos dentro de la sociedad, se convirtió en el defensor de las causas de esos grupos.

Para ser más sensible, uno debe estar dispuesto a correr un riesgo. Tome la iniciativa de encontrar una determinada necesidad y tome medidas. Las personas que son extremadamente sensibles, hasta el punto de que siempre se sienten heridas, se apartan de los demás y nunca se arriesgan.

Pero la persona con carisma se arriesgará a abandonar su comodidad con tal de lograr que los demás se sientan cómodos.

MOTIVACION: OFRECER ESPERANZA

El secreto de motivar a los demás radica en darles esperanza. Las personas suelen sentirse más positivas cuando siguen a un líder carismático. Veamos algunos personajes bíblicos que ofrecieron esperanza:

- Isaías, refiriéndose a Dios, dijo: «He aquí que yo hago cosa nueva» (Isaías 43:19).
- Jeremías habló de un dicho de Dios: «Daré mi ley en su mente y la escribiré en su corazón» (Jeremías 31:33).
- Jesucristo habló del nuevo nacimiento (Juan 3:3).
- Pablo dijo que el cristiano es una nueva creación (2 Corintios 5:17).
- La visión de Juan en el Apocalipsis habla de «un cielo nuevo y una tierra nueva» (Apocalipsis 21:1).

Cada uno de esos líderes dinámicos constantemente ofrecieron esperanza a su pueblo.

¿Trasmite usted esperanza o desesperación a las personas que lo rodean? Aprenda habilidades de afirmación, técnicas para solucionar los problemas, vías para alentar verbalmente a los demás, y transmita confianza y apoyo en otros.

AFIRMACIÓN: LA CAPACIDAD DE ALENTAR

El exitoso hombre de negocios Charles Schwab dijo: «Aún no he conocido al hombre que no trabaje mejor o que no realice un esfuerzo mayor motivado por la aprobación y no por la crítica.»

Todo el mundo necesita y quiere ser reconocido por sus logros. Un niño que jugaba a los dardos con su papá, le dijo: «Vamos a jugar a los dardos. Yo tiro y tú exclamas: «¡Fantástico!» Eso es lo que las personas con carisma hacen por los demás.

Tenemos la tendencia de convertirnos en lo que la persona más importante de nuestra vida piensa que debemos ser. Piense lo mejor, crea lo mejor y exprese lo mejor con respecto a los demás. Su afirmación no sólo lo convertirá en una persona más atractiva para ellos, sino que también coadyuvará a desempeñar un papel más importante en el desarrollo de esas personas.

¿Cómo afirmamos a los demás? En primer lugar tenemos que sentirnos satisfechos con nosotros mismos. Después podemos, tanto verbal como activamente, creer en los demás y esperar que ellos respondan de manera positiva. Las personas son nuestro único bien apreciable. Como cristianos, no podemos darnos el lujo de no afirmarlas. Si no consigo afirmar a un hermano, tanto él como yo perdemos.

ESCOLLOS PARA LOGRAR EL CARISMA

Una vez más, el carisma es una cualidad o característica de nuestra vida que podemos desarrollar. No es algo reservado únicamente para los que son extrovertidos o que disfrutan de ser el centro de atracción. La potencialidad para ser una persona con carisma subyace en cada uno de nosotros, pero ante todo tenemos que eliminar los obstáculos que dificultan el desarrollo de tan importante característica personal. ¿Cuáles son algunos de los posibles escollos?

- El orgullo. Una persona orgullosa tendrá la tendencia a despreciar a los demás, a sentir cierto aire de superioridad. Las personas nunca seguirían o se identificarían con una personalidad esnobista que sólo piensa en su condición social y en su posición.
- La inseguridad. Las personas inseguras no están dispuestas a arriesgarse. Prefieren mantenerse en una posición cómoda y, probablemente, carente de emociones.
- El malhumor. Este rasgo de inmadurez va en detrimento de las relaciones personales. Las personas malhumoradas son inconstantes y, por consiguiente, personas de las que no se puede

depender. Nunca puede haber confianza en la persona que está sujeta al malhumor o que tiene un carácter hosco.

• El perfeccionismo. El perfeccionismo es la necesidad obsesiva de actuar sin cometer errores. Este afecta la creatividad y la libertad, y aleja a las personas. Raramente los perfeccionistas consiguen afirmarse ellos mismos; por lo tanto, resulta muy difícil que puedan afirmar o valorar a los demás.

• La susceptibilidad. Las personas susceptibles están constantemente curando sus heridas. Miran hacia su interior y no se percatan de las necesidades de los demás. Por supuesto, no logran la admiración de la gente.

• El negativismo. Por definición, el negativismo es lo contrario al carisma. Una persona que constantemente mantiene una actitud negativa se convierte en una fuerza depresiva y no inspira confianza. Generalmente, este tipo de personalidad le dice no a la vida. Las demás personas siempre evitarán relacionarse con alguien así. Es imposible ser un líder carismático cuando nadie quiere estar a su lado.

El carisma comienza en la cruz de Jesucristo. Veamos Filipenses 2:3-11, donde encontramos a Pablo colocando la humildad del propio Jesucristo como un objetivo a seguir:

Nada hagáis por contienda o por vanagloria; antes bien con humildad, estimando cada uno a los demás como superiores a él mismo; no mirando cada uno por lo suyo propio, sino cada cual también por lo de los otros.

Haya, pues, en vosotros este sentir que hubo también en Cristo Jesús, el cual, siendo en forma de Dios, no estimó el ser igual a Dios como cosa a que aferrarse, sino que se despojó a sí mismo, tomando forma de siervo, hecho semejante a los hombres; y estando en la condición de hombre, se humilló a sí mismo, haciéndose obediente hasta la muerte, y muerte de cruz.

Por lo cual Dios también le exaltó hasta lo sumo, y le dio un nombre que es sobre todo nombre, para que en el nombre de Jesús se doble toda rodilla de los que están en los cielos, y en la tierra, y debajo de la tierra; y toda lengua confiese que Jesucristo es el Señor, para gloria de Dios Padre.

No cabe duda de que Jesucristo fue y es altamente exaltado. Pero comenzó con la mayor humildad. Recuerde: ¡El carisma tiene que ver más con el hecho de hacer que los demás se sientan bien con respecto a sí mismos que con que los haga sentirse bien con respecto a usted!

PÓNGALO EN PRÁCTICA
Principio clave
La clave para desarrollar el carisma: Preocuparse más por hacer que los demás se sientan bien con respecto a sí mismos que hacer que ellos se sientan bien con respecto a usted.

• Rasgos de una persona con carisma:
   Cuidado: lo que muestra
   Ayuda y acción: lo que ofrece y garantiza
   Resultados: lo que produce
   Influencia: lo que hace
   Sensibilidad: lo que sigue
   Motivación: lo que entrega
   Afirmación: lo que comparte

Aplicación de estos principios
En mis relaciones con las demás personas, aplicaré los principios que aparecen en este capítulo de la siguiente forma:

1.
2.
3.

Para más información
Personality Plus, Florence Littauer
Discovering Your Personality Tree, Florence Littauer

3.
CÓMO SENTIRSE CONFIADO CON LAS PERSONAS

Aprenda a sentirse bien con los demás

Cuando me presentan a un grupo de personas que no conozco, no me toma mucho tiempo darme cuenta de quiénes son los que ejercen influencia sobre el resto. ¿Qué cosa tienen esas personas que las diferencia de los demás? ¿Será acaso su sentido de orientación, la seguridad de saber hacia dónde se dirigen? ¿Será que tienen determinadas habilidades? ¿Será por su sinceridad? ¿Sus éxitos anteriores? ¿La facilidad que tienen para utilizar el contacto visual y el lenguaje corporal? ¿Qué es lo que tienen que todo el mundo quiere?

Si existe una cualidad que usted pudiera tener y que lo haría tener éxito a la hora de motivar a las personas o de convencerlas para que lo sigan, ese rasgo sería la confianza. Y si puede combinar la confianza con la orientación, el liderazgo, los éxitos pasados y los demás meca-nismos de la motivación, tendría entonces en sus manos una poderosa combinación. Es probable que una persona consiga saber hacia dónde se dirige, pero que al mismo tiempo carezca de confianza en sí misma para lograr que los demás le sigan. La confianza en sí mismo conlleva una convicción: lograr que los demás crean en nosotros.

Un niño de cinco años de edad estaba concentrado dibujando con sus creyones en la mesa de la cocina, cuando la madre entró y le preguntó lo que estaba haciendo.

dibujando a Dios —le respondió su hijo.

mor mío —le dijo su mamá—, nadie sabe cómo es Dios.
Con mucha confianza el niño dijo:

—Ya lo sabrán cuando yo termine.

Me encanta ese tipo de respuesta positiva.

Un grupo de pastores estaba participando en una conferencia en nuestra iglesia, y al final de la primera sesión matutina se dirigieron hacia el lugar designado para almorzar. Transcurridos algunos minutos, los seguí, con la esperanza de que ya estuvieran sentados. Quedé sorprendido al ver que los ciento cincuenta pastores estaban en fila junto a la puerta de entrada. Entonces me di cuenta por qué. Al frente de la fila estaba mi hijo Joel, que en aquel entonces tenía seis años, con las dos manos levantadas, dando órdenes: «Los atenderán dentro de dos minutos más». Joel no tenía idea de lo que estaba ocurriendo, pero estaba impartiendo instrucciones con toda confianza y los pastores hacían exactamente lo que les indicaba. La confianza es algo contagioso, incluso cuando se trata de la confianza de un niño de seis años.

El escritor del libro de Hebreos reconocía el valor de la confianza: «No perdáis, pues, vuestra confianza, que tiene gran galardón» (Hebreos 10:35). La confianza no está fraguada en cemento, de manera que puede perderse.

Nuestra elección en cuanto a quiénes se relacionan con nosotros tiene mucho peso en nuestro nivel de confianza. La mayoría de las personas se integran en dos categorías: las que despiertan confianza y las que crean el efecto contrario. Si usted no tiene confianza en sí mismo, una persona negativa pudiera destruirlo. La historia a continuación constituye un ejemplo fehaciente de ruptura de la confianza.

Un hombre que vivía al lado de la carretera se dedicaba a vender perros calientes (salchichas). No oía muy bien; por lo tanto, no tenía radio. También tenía problemas con la vista, de manera que no podía leer periódicos. Pero eso sí, vendía buenos perros calientes.

El hombre colocó anuncios en la carretera pregonando sus deliciosos perros calientes. Se paraba junto a la carretera y vociferaba: «¡Caballeros, compren un perro caliente!» Y las personas compraban sus perros calientes. Aumentó sus pedidos de pan y salchichas y compró una cocina más grande para poder hacerse cargo de su negocio. Consiguió ganar dinero suficiente para enviar a su hijo a la universidad.

Desafortunadamente, el hijo regresó de la universidad convertido en un pesimista educado.

—Papá, ¿no has escuchado la radio? —le dijo—. ¿No has leído los diarios? Hay una gran recesión. La situación en Europa es terrible y la situación interna es aun peor.

Sobre lo cual el padre pensó: *Ahora bien, mi hijo ha ido a la universidad; lee los diarios y escucha la radio. Él tiene que saber.*

Fue así que, entonces, ese hombre redujo las compras de salchichas y pan, quitó los anuncios y nunca más se preocupó por pararse en la carretera para pregonar sus perros calientes.

Lógicamente, sus ventas cayeron de la noche a la mañana.

—Tienes razón, hijo mío —le dijo el papá al muchacho—. Ciertamente estamos en medio de una profunda recesión.

Las personas que acaban con la confianza de los demás ven el lado negativo de todas las cosas. Cuando logran que usted se deje arrastrar por lo que dicen, las mismas cosas que contribuían a que usted tuviera éxito se convierten en su desgracia.

Desafortunadamente, ese proceso negativo puede ocurrir y, de hecho, ocurre con bastante frecuencia en la vida de los cristianos. Todos pasamos por períodos de pruebas, donde nos preguntamos si Dios puede realmente satisfacer todas y cada una de nuestras necesidades. Con un poco de desaliento por parte de una persona que no despierta confianza, comenzamos a poner en duda la capacidad del Señor, y la nuestra. Eso puede dar lugar a un espiral descendente que termina en el abismo del fracaso y de la frustración. No sólo han sacudido nuestra confianza, sino que también la han arrancado de raíz.

El mensaje positivo que deviene de Hebreos 10:35 es que nuestra confianza tiene un alto galardón. Si la mantenemos y la fortalecemos, gozaremos de más recompensa. La confianza en uno mismo es la piedra angular del éxito. Resulta difícil que los que no tienen confianza en sí mismos tengan mucha fe en los demás. La confianza en uno mismo engendra la confianza en los demás, como si se tratara de un bumerán que usted lanza hacia los demás y termina regresando justamente hacia donde está usted.

¿POR QUÉ NECESITA USTED CONF1ANZA?

¿Por qué necesita usted tener confianza en sí mismo? Ante todo, le brindará estabilidad en cada una de las facetas de su vida. La confianza equivale a contentarse con uno mismo, y el hecho de contentarse con uno mismo significa que usted cuenta con todo lo que necesita para enfrentar las circunstancias actuales. En Filipenses 4:11-13, Pablo ofrece las bases que sustentan este pensamiento.

No lo digo porque tenga escasez, pues he aprendido a contentarme, cualquiera que sea mi situación. Sé vivir humildemente, y sé tener abundancia; en todo y por todo estoy enseñado, así para estar saciado como para tener hambre, así para tener abundancia como para padecer necesidad. Todo lo puedo en Cristo que me fortalece.

Estos versículos no pueden separarse porque existe una relación absoluta entre el hecho de experimentar los malos momentos de la vida y disfrutar de los buenos. El apóstol Pablo está convencido de que su fuerza sólo la puede encontrar en Dios. Él mismo comprendió que la confianza y la alegría le proporcionaron estabilidad en cada situación con la que tropezó en su agitada vida.

El contentamiento significa apoderarse de la situación actual —cualesquiera que sean los obstáculos que enfrente, las limitaciones con las que esté viviendo, las situaciones crónicas que lo desgastan, las cosas que hayan acabado con sus sueños, los factores y las circunstancias en la vida que tienden a derribarlo— y aunque no le guste nada de lo que esté experimentando, nunca decir: «No puedo hacerle frente a esto.»

Usted podrá sentirse afligido; pero nunca desesperado. Usted podrá sentirse presionado; pero nunca derrotado. Pablo nos dice que existen recursos ilimitados, y que tan pronto como decimos: «No puedo seguir», dejamos de recurrir a los recursos que Jesucristo, mediante su amor y su bondad, ha puesto a nuestra disposición. La alegría, por lo tanto, significa estar convencido de que uno es capaz de enfrentarse a cualquier prueba, porque Jesucristo ha puesto su fortaleza a nuestra entera disposición.

Si lo primero que consigue la confianza es *brindarle estabilidad,* lo segundo que logra es permitirle *ampliar sus horizontes.* Una vez que mis bases se encuentran sólidas y estables, entonces me encuentro en una posición en la que puedo comenzar a ampliar mi vida. Las personas inseguras raramente consiguen ampliarse en la vida pues no están dispuestas a vivir a plenitud.

Helen Keller afirmó: «La seguridad es apenas una superstición. Es algo que no existe en la naturaleza, y los hijos de los hombres como tales no consiguen experimentarla. Evitar los peligros no consigue ser más seguro a la larga, que el hecho de enfrentarlos de pleno. La vida es una aventura arriesgada o no es nada.»

Imagínese una banda elástica que de nada sirve a menos que se estire. Cuando la seguridad no nos permite estirarnos y crecer, terminamos por llevar una vida carente de emociones y tan inútil como una banda elástica sin estirar.

LA CONFIANZA LO AYUDA COMO LÍDER

La confianza ayuda al líder a creer en las demás personas. ¿Acaso no vemos a los demás de la misma forma que nos vemos a nosotros mismos? Muéstreme un líder que cree en los demás y tendrá ante sí a un líder que tiene una enorme confianza en su vida.

Por otro lado, un líder inseguro, no cree ni en él ni en los demás. Las personas inseguras sienten temor de arriesgarse a realzar a los demás con halagos, porque ellas mismas sienten una necesidad insaciable de recibir halagos.

A continuación veremos un ejemplo clásico que ilustra cómo la confianza contribuye a enardecer a los demás. Hace tiempo tuve la oportunidad de ayudar a varios pastores a desarrollar programas de ministerio laico en sus iglesias. Previo al período de reclutamiento y prueba de los laicos, me reunía con los pastores para preguntarles cuántos pensaban ellos que responderían al compromiso. Tras una prolongada reflexión, los pastores me entregaban una cifra conservadora.

En cada una de las ocasiones, con una enorme confianza, yo les aseguraba que habría muchos más que responderían al llamado. Siempre tenía razón y los pastores quedaban asombrados. Cada pastor entregaba una cifra baja de posibles respuestas porque mentalmente clasificaba a cada persona de acuerdo a cómo percibía el nivel de compromiso de cada una. Por consiguiente, los pastores siempre suponían una cifra baja.

Desde el momento que usted clasifica a una persona, comienza a tratarla de acuerdo a esa clasificación. Como yo no conocía a esas personas y no tenía una idea preconcebida de cómo serían, supuse que todas eran personas con cualidades que responderían de forma entu-siasta a ese reto. Pudieron sentir mi confianza en ellas y respondieron positivamente. De haber sido los pastores quienes lanzaran el reto, el estimado probablemente habría sido el correcto.

Un líder con confianza es un líder que provoca cambios positivos en las personas. Un estudio realizado en la Universidad de Springfield en Massachussets corrobora este punto. El experimento tenía la finalidad de determinar los efectos que tiene, sobre los niños en edad escolar, el hecho de realizar trabajos continuos y monótonos sin incentivo alguno.

Se les dijo a los niños que hicieran un dibujo detallado de un hombre. Cuando terminaron, se les dijo que dibujaran otro hombre. Se les dijo además que el segundo hombre debía quedar mejor que el primero. Cuando terminaron, se les volvió a dar la misma orden: «Ahora dibujen otro hombre, y ese debe quedar mejor que el anterior.»

A ninguno de los niños se le reprendió ni criticó por el trabajo realizado. Y sin importar cuán buen trabajo hubieran realizado, a ninguno se le dio incentivo alguno o se le elogió por su labor. Simplemente se les dijo que hicieran otro dibujo.

Quizás usted ya se puede imaginar cuáles fueron los resultados. Algunos de los niños se molestaron y expresaron abiertamente su enojo. Uno de ellos se negó a seguir dibujando. Otro dijo que lo tenían «atrapado» y llamó «malvado» al instructor. Sin embargo, la mayoría se molestó mucho, no dijo nada y prosiguió con su trabajo carente de alegría y retribuciones.

Los dibujos fueron quedando cada vez peor en lugar de mejorar, a medida que les pedían a los niños que continuaran dibujando.

Las personas deben sentirse reconocidas y elogiadas con el fin de mantener un buen nivel de rendimiento. Evitar los comentarios críticos o negativos no es tan importante como hacer señalamientos positivos mediante elogios y felicitaciones. Vuelvo a repetir: las únicas personas capaces de hacer esto son las que se sienten de forma positiva con ellas mismas. El trabajo más los elogios equivalen a mayor energía, mientras que el trabajo sin elogios disipa esa energía.

Si usted estudia la vida de Pablo, notará que él mismo emplea la palabra «confianza» de tres formas distintas, pero al mismo tiempo relacionadas entre sí. En seis ocasiones Pablo se refiere a la confianza en sus relaciones con Jesucristo, en seis ocasiones lo hace con relación a la confianza en él mismo, y en otras seis veces menciona la confianza en sus relaciones con las demás personas. Tiene que haber un equilibrio, puesto que las tres esferas están relacionadas. Si no tenemos confianza en Jesucristo, podemos caer en la tentación de ser egocentristas y altaneros. Si no tenemos confianza en nosotros mismos, no somos más que cristianos derrotados e impotentes. Si no tenemos confianza en los demás, sospechamos y desconfiamos de todos.

Pablo aprendió esta lección, y la confianza lo convirtió en un exitoso motivador y siervo de nuestro Señor Jesucristo. Usted no puede actuar siempre en una forma que es inconsecuente con la manera en que usted se ve a sí mismo. La confianza en sí mismo es el primer gran requisito para emprender grandes tareas.

¿CÓMO LLEGA A TENER CONFIANZA?

Establezca su propio valor de acuerdo a la escala de valores de Dios. Dios demostró la importancia que nosotros tenemos para él mediante dos acciones grandiosas. Primero, nos creó a su imagen y semejanza. Segundo, a través de Jesucristo, murió por nuestros pecados. Dios pensó tanto en usted, creyó tanto en usted, y lo vio como una persona de tanto valor, que permitió que su Hijo muriera para que usted pudiera vivir. Cuando comenzamos a vernos a la luz de las acciones que Dios hace en nombre nuestro, inmediatamente comenzamos a sentir mayor confianza. No existe nada más humillante que darse cuenta del hecho que si fuéramos la única persona sobre la faz de esta tierra, Jesucristo hubiera muerto por nosotros. Eso demuestra que somos de un valor incalculable.

Otra manera de adquirir confianza es *concentrándonos en Dios y no en nuestras circunstancias*. Trate de vivir según lo que dicen los tres primeros versículos del Salmo 27:

> Jehová es mi luz y mi salvación; ¿De quién temeré? Jehová es la fortaleza de mi vida; ¿de quién he de atemorizarme? Cuando se juntaron contra mí los malignos, mis angustiadores y mis enemigos, para comer mis carnes, ellos tropezaron y cayeron. Aunque un ejército acampe contra mí, no temerá mi corazón; aunque contra mí se levante guerra, yo estaré confiado.

Podemos hacer tres observaciones de estos breves versículos. Primero, que la confianza no es el resultado de la falta de problemas. Está claro que el escritor del salmo tropezó con muchos problemas y dificultades. Menciona a sus enemigos, a los malhechores que quieren devorar sus carnes, a sus adversarios y a todo un ejército acampando a su alrededor.

La segunda observación es que la confianza es el resultado de confiarle nuestros problemas a Dios. En medio de sus dificultades, el escritor del salmo mantuvo la atención centrada en Dios y no en su difícil situación. «Jehová es la fortaleza de mi vida.»

En tercer lugar, las victorias de ayer dan más confianza para el presente. En el segundo versículo el salmista habla en tiempo pasado: «Cuando se juntaron contra mí los malignos para comer mis carnes, ellos tropezaron y cayeron.» Está hablando del ayer. En el tercer versículo habla del presente. «Aunque un ejército acampe contra mí, no temerá mi corazón.» La confianza que tenemos hoy es el resultado de las victorias de ayer.

Otra forma de desarrollar la confianza, y que realmente convence a los demás es *haciendo amistad con personas confiadas.* Es cierto lo que dice el viejo refrán: «Dime con quién andas y te diré quién eres.» Un hombre grande es aquel que nos hace sentir más grande cuando estamos junto a él.

Muchas personas están condenadas a padecer el «complejo de Charlie Brown». Pareciera como si Charlie Brown no consigue hacer nada bien. Pero note usted que uno de sus problemas es que Lucy siempre está a su lado. Lucy no logra mejorar en nada las cosas para Charlie Brown porque siempre está presta a señalar sin demora los errores en su proceder.

En una ocasión Lucy se pone las manos en la cintura y dice: «Charlie Brown, ¡eres una pelota que cae fuera del cuadrado en la línea de la vida! Estás bajo la sombra del poste de tu propia portería. Eres un error; eres tres golpes cortos al hoyo en el último terreno; tres bolos que quedan en pie en el último tiro, una caña y un carrete caídos en el lago de la vida. Eres un tiro libre que no encesta y un golpe fallido en la novena horquetilla. ¿Comprendes? ¿Me hice entender?»

¿Tiene usted una Lucy a su alrededor? Puedo asegurarle que si se hace acompañar por personas como ella, le va a costar mucho trabajo poder desarrollar un sentido de confianza. Cada vez que intente empezar algo siempre habrá alguien que se encargue de recordarle lo que usted no es, lo que no ha sido y lo que nunca será. Si queremos tener confianza, debemos rodearnos de personas seguras de sí mismas, personas que creen en nosotros y que nos darán aliento.

Otra forma de ganar confianza es *anotándose unas cuantas victorias*. Comience por archivar pequeños éxitos y poco a poco abordará retos cada vez mayores.

Recientemente estaba escuchando una entrevista realizada por Jerry Coleman, el comentarista radial del equipo Padres de San Diego. Coleman intentaba explicarse por qué el equipo había perdido una de sus ventajas de dos o tres carreras. Este comentó: «Usted puede advertir por la forma en que están jugando, que han perdido la confianza en sí mismos. Prácticamente están condicionados para que algo les salga mal».

Anotarse algunas victorias importantes le da ímpetu para que usted continúe ampliando sus habilidades. Si mantiene un paso ganador, pronto se verá a sí mismo como una persona que no reconoce límites. Los fracasos consecutivos producen el efecto contrario. Comienza a valorarse como un fracasado sin remedio. La mejor manera de desa-rrollar una confianza racional y bien equilibrada es salir en busca de unos cuantos triunfos inmediatamente después de sufrir un fracaso. No se permita el lujo de lamentarse sintiendo lástima de usted mismo.

A mi hijo Joel y a mí nos encantan los juegos de memorización. Con las cartas abajo sobre la mesa, el objetivo de uno de los jugadores consiste en dar vuelta un par, de manera que resulta importante memorizar las posiciones de determinadas cartas con el fin de hacer que coincidan. Una noche Joel me ganó dos veces, 14 a 6. A Joel nunca se le ocurrió pensar que sus elecciones pudieran estar equivocadas. Se regocijó por toda la habitación, declarando su victoria ante todos.

Tras las derrotas con Joel, reté a su hermana Elizabeth a que jugara un partido. Elizabeth suele sentirse menos segura de sí misma que Joel. Tras iniciar el primer partido, Elizabeth me preguntó:

—Papá, Joel te ganó dos veces, ¿Verdad?

—Sí, es cierto —le respondí.

—Te ganó 14 a 6 en las dos ocasiones, ¿cierto? —prosiguió.

—Así mismo fue —le respondí, y agregué—: Sissy, apuesto a que tú también me puedes ganar 14 a 6.

Hice las cosas de forma tal que perdí el primer juego 14 a 6. Ella estaba visiblemente ansiosa por jugar una segunda partida, la cual ganó sin mi ayuda. A partir de ese momento, comencé a acomplejarme y a perder confianza, de manera que conseguí que mi esposa Margaret jugara la próxima partida. Le gané ampliamente y me retiré convertido en todo un ganador.

Mi padre me enseñó el valor que tiene desarrollar una actitud de confianza. Todas las noches después de comer, mi hermano mayor y yo jugábamos a la lucha en el piso de la sala. Hubo una semana en la que Larry ganó en todos los enfrentamientos. Mi padre se percató de la sensación de derrota y el desaliento que había en mí, y entonces le dijo a Larry que le prohibía luchar conmigo durante una semana. En lugar de hacer eso, mi padre y yo combatimos todas las noches, y en cada pelea yo salía victorioso. Mi papá alzaba entonces mi brazo por encima de mi cabeza y me declaraba el vencedor.

A la semana siguiente, permitió nuevamente que Larry y yo lucháramos. Después de aquello, mi hermano no pudo ganarme más. ¿Sucedió que de repente adquirí más fuerza? No, sólo había ganado confianza por el hecho de haberme apuntado algunos triunfos a mi cuenta.

El entrenador de baloncesto en la escuela secundaria se apareció un buen día con una técnica para el desarrollo de habilidades, con la que esperaba convertir a nuestro equipo en un conjunto más exitoso. Colocó otro aro dentro de la canasta, razonando que si conseguíamos encestar nuestros fallidos tiros dentro del aro más pequeño, entonces nos iría muy bien a la hora de jugar los partidos con la canasta oficial. Yo discutí aquella idea con el entrenador. Sabía que los muchachos tendrían dificultades a la hora de encestar la bola a través del aro más pequeño, y mientras más fallaban los tiros al aro, más crecía el desaliento en ellos. Tenía razón. Comenzaron a fallar constantemente los tiros que eran fáciles, porque la confianza en sí mismos había desaparecido. El fracaso engendra fracaso.

Un elemento que permite elevar la confianza consiste en confeccionar un listado donde se relacionen los éxitos y los logros alcanzados en el pasado. Ese es un concepto bíblico. Hay dos personajes en la Biblia que recurrieron a ese método. Uno de ellos fue Sansón, quien terminó siendo un fracasado total, y el otro fue David, quien tuvo un enorme éxito.

En Jueces 16:20 vemos la lista de los triunfos de Sansón:

Y [Dalila] le dijo: ¡Sansón, los filisteos sobre ti! Y luego que despertó él de su sueño, se dijo: Esta vez saldré como las otras y me escaparé. Pero él no sabía que Jehová ya se había apartado de él.

Ahora, en 1 Samuel 17:37, demos lectura a la lista de éxitos de David:

Añadió David: Jehová, que me ha librado de las garras del león y de las garras del oso, él también me librará de la mano de este filisteo. Y dijo Saúl a David: Ve, y que Jehová esté contigo.

Existen grandes semejanzas entre estos dos hombres. Ambos fueron elegidos, ordenados y ungidos por Dios, y ambos fueron líderes en Israel en un momento en el que se combatía contra los filisteos. Pero veamos ahora lo siguiente: Sansón y David también tenían tres diferencias bien marcadas. Esas diferencias hicieron que uno se convirtiera en vencedor y el otro en perdedor.

Lo primero que vemos en Sansón es que quería complacerse a sí mismo. Vivió basado en la fuerza de sus músculos, dependiendo de su propia fuerza y sin sentir la necesidad de acudir a Dios, incluso cuando se lanzaba a las batallas. Eligió el camino que siempre conduce a la derrota. A diferencia de Sansón, David deseaba complacer a Dios. Sabía que si tan sólo recurría a sus propios recursos, siempre saldría derrotado. De manera que imploraba a Dios y siempre partía hacia las batallas bendecido por la ayuda divina. Su debilidad se transformó en la fuerza de Dios y eso le aseguró la victoria.

La separación de Sansón con Dios no sólo condujo a su derrota, sino que también puso fin a su liderazgo. Para David, sin embargo, el episodio con Goliat fue el inicio de su liderazgo. Fue el suceso que lo situó en una posición en la que Dios podía usarlo ampliamente. Las listas de éxitos y logros deben proporcionarnos confianza, no altanería.

Otra forma de adquirir más confianza es *dejar de compararse con los demás*. La breve historia que veremos a continuación ilustra mi punto de vista. Un camión de leche pasa por donde se encuentran dos vacas pastando. En el costado del camión se leen las siguientes palabras: «Pasteurizada, homogeneizada, estandarizada, enriquecida con vitamina A.» Al ver eso, una vaca le dice a la otra: «Esto lo hace sentir a una inferior, ¿verdad?» Creo que todos hemos experimentado ese sentimiento de inferioridad cuando comparamos lo que podemos ofrecer con lo que otra persona puede brindar.

Una de las formas más seguras de incentivar la confianza es *descubriendo alguna cosa para la que usted tiene aptitud, y luego especializándose en ella hasta convertirse en especialista.* Puede ser algún deporte, una tarea, una habilidad natural o algún talento desarrollado de forma personal. Emplee esa fuerza lo más que pueda para desarrollar sus propios niveles de seguridad y especialización. Un líder exitoso sabe que la mejor forma de ayudar a sus seguidores es ayudándolos a descubrir sus dones personales, alentándolos a desarrollar esas dotes y luego educándolos para que las utilicen.

También *comience a desarrollar un conocimiento de las personas y del producto.* Recuerde que el éxito depende en un quince por ciento del conocimiento que se tenga del producto y el ochenta y cinco por ciento restante del conocimiento que se tenga de las personas. Una vez que usted tenga conocimiento de su producto y de las personas con las cuales trabaja, disfruta entonces de cierta ventaja interior para satisfacer sus necesidades. Eso aumenta de manera inevitable su propia confianza.

He aquí un viejo cuento humorístico que resalta la importancia de conocer lo que usted está enfrentando.

Un diácono bautista había anunciado la venta de una vaca.

—¿Cuánto está pidiendo por ella? —le preguntó un posible comprador.

—Ciento cincuenta dólares —respondió el diácono.

—¿Y cuánta leche da esa vaca?

—Cuatro galones diarios.

—¿Cómo sé que ella realmente da esa cantidad de leche? —preguntó el comprador.

—Puede confiar en mí —aseguró el vendedor—. Soy diácono bautista.

—La compro —replicó el otro—. Me llevaré la vaca a casa y después le enviaré el dinero. Puede confiar en mí. Soy anciano presbiteriano.

Cuando el diácono regresó a su casa le preguntó a su esposa:

—¿Qué es un anciano presbiteriano?

—Ah —le explicó ella—. Un anciano presbiteriano es casi lo mismo que un diácono bautista.

—Ay, cariño —se lamentó el diácono—. He perdido mi vaca.

El diácono tenía conocimiento del producto; conocía su vaca. Pero su falta de conocimiento de las personas lo hizo fracasar.

QUÉ HACER CON LA CONF1ANZA UNA VEZ QUE LA TIENE

Ahora que ya tiene toda esa confianza, ¿qué es lo que debe hacer con ella? Continúe incrementándola. La confianza no es constante; la misma fluctúa de acuerdo con su balance de éxitos y fracasos. Todos sufrimos reveses y tenemos victorias que ocasionalmente, y de manera temporal, hacen disminuir nuestro nivel de confianza. Si usted acepta el hecho de que nunca será sobresaliente en todo lo que intente hacer, le resultará menos devastador cuando su actuación más brillante le parezca insuficiente.

Notará que su confianza es contagiosa, y que se extiende por toda su esfera de influencias. La Biblia nos ofrece algunos ejemplos interesantes de «confianza contagiosa». Por ejemplo, ¿cuántos matadores de gigantes había en el ejército de Saúl? Ninguno. Cuando Goliat desafió a los ejércitos de Dios, esos hombres temblaron de temor (1 Samuel 17:11). David, que había llegado con comida para sus hermanos, estudió la situación, salió lleno de fe y mató al gigante. Antes de que David, el matador de gigantes, se convirtiera en rey, ¿cuántos matadores de gigantes aparecieron en Israel? Hubo varios. Eran una especie muy común en el ejército que comandaba David.

Echemos un vistazo a 1 Crónicas 20:4-8

Después de esto aconteció que se levantó guerra en Gezer contra los filisteos; y Sibecai husatita mató a Sipai, de los descendientes de los gigantes; y fueron humillados.

Volvió a levantarse guerra contra los filisteos; y Elhanán hijo de Jair mató a Lahmi, hermano de Goliat geteo, el asta de cuya lanza era como un rodillo de telar.

Y volvió a haber guerra en Gat, donde había un hombre de grande estatura, el cual tenía seis dedos en pies y manos, veinticuatro por todos; y era descendiente de los gigantes. Este hombre injurió a Israel, pero lo mató Jonatán, hijo de Simea hermano de David.

Estos eran descendientes de los gigantes en Gat, los cuales cayeron por mano de David y de sus siervos.

¿Por qué cree que no había matadores de gigantes en el ejército de Saúl? Una razón segura es que el propio Saúl no era matador de gigantes. Sin embargo, bajo la dirección de David había varios de ellos, porque David era matador de gigantes. Esto ilustra un tremendo principio con respecto al liderazgo, principio que aparece en toda la Biblia: hace falta uno para conseguir otro. Cuando usted gana confianza, las personas que lo rodean — amigos, familiares y conocidos— elevarán sus propios niveles de confianza.

Todos necesitamos del reconocimiento, como personas y como colegas de trabajo. Resulta fácil ofrecer un elogio genérico, como por ejemplo: «Me encanta trabajar contigo.» Pero un comentario que realmente signifique algo para una persona es aquel muy específico que se refiere a una cualidad en particular: «Valoro altamente tu eficiencia en las relaciones porque eso es algo imprescindible para el éxito del grupo.» A nadie ayudamos haciendo cumplidos vacíos o evitando la necesaria tarea de expresar las también necesarias críticas constructivas. Desafortunadamente, y con bastante frecuencia, somos tacaños con los elogios sinceros. Exalte a sus colegas de trabajo y aliéntelos expresándoles verbalmente, frente a los demás, su valor y sus cualidades. Recuerde que debe elogiar en público y criticar en privado.

La confianza puede ofrecerle el ímpetu que usted necesita para convertirse en la persona que Dios quiere que sea. No puede sustituirse por carácter, ni por habilidades, ni por conocimientos, pero sí desarrolla esas cualidades de manera que usted puede ser una persona diferente. Cuando cuenta con las habilidades y los conocimientos, además del ímpetu que deviene de la confianza, las cosas comienzan a darse en sus relaciones.

Cuando la locomotora más grande de la estación central de ferrocarriles de Nueva York, está detenida, se le pueden colocar unos bloques de madera de una pulgada delante de cada una de sus ocho ruedas motrices para que no se mueva. Esa misma locomotora, desplazándose a una velocidad de cien millas por hora, puede atravesar una pared de cinco pies de espesor, hecha de hormigón y acero. La diferencia estriba en el ímpetu. La confianza le ofrece el ímpetu para transformar las circunstancias.

Seguramente recuerda esa historia de la infancia en la que un tren consiguió moverse porque pensó que podía hacerlo. Algunas de las locomotoras más grandes se sintieron derrotadas cuando vieron ante sí la pendiente. Entonces apareció el pequeño trencito, moviéndose ruidosamente por la línea y diciéndose a sí mismo una y otra vez: «Se puede lograr . . . lo puedo hacer.» Pasó a las otras locomotoras, que decían: «No se puede lograr.» Cuando ya se acercaba a la cima de la pendiente, su velocidad comenzó a disminuir cada vez más; pero cuando llegó a la meta comenzó a exclamar: «Sabía que podía, sabía que podía, sabía que podía . . .»

El trencito consiguió lo que se propuso; pero no porque tuviera más fuerza o mayores habilidades. El trencito consiguió subir la pendiente porque *pensó que podía lograrlo.* Tuvo más confianza que las demás locomotoras. En ocasiones nos sentimos como pequeños e insignificantes trencitos. Pero si perfeccionamos nuestras habilidades y nuestro talento, y después añadimos a eso una buena dosis de confianza, podemos subir la pendiente y vencer los obstáculos y las barreras que de lo contrario nos habrían detenido en seco en la línea. ¿Por qué dete-nerse cuando podemos en realidad conquistar montañas con el ímpetu de la confianza rugiendo en nuestros motores?

PÓNGALO EN PRÁCTICA
Principios clave
- La confianza es contagiosa
- Contentarse con usted mismo es sentir confianza de que es capaz de ponerse a la altura de las circunstancias en cualquier prueba que esté enfrentando, porque Jesucristo ha puesto su fortaleza a disposición de usted.
- Usted no puede obrar de manera consecuente si lo hace de forma tal que resulte inconsecuente con la manera en que se ve a sí mismo.
- Seis maneras de ganar confianza:

Establezca su valor según la escala de valores de Dios.

Concéntrese en Dios y no en su propia situación.

Haga amistad con personas confiadas en sí mismas.

Anótese algunas victorias en su cuenta.

Descubra una cosa para la cual tenga aptitud y después especialícese en ella hasta que se convierta en especialista

Desarrolle un conocimiento de las personas y del producto.

- Cuando usted cuenta con habilidades o con conocimientos y, además, el ímpetu que le brinda la confianza las cosas comienzan a darse en sus relaciones.
- Un líder con confianza es aquel que provoca cambios positivos en las personas.

Aplicación de estos principios
En mis relaciones con las demás personas, aplicaré los principios que aparecen en este capítulo de la siguiente forma

1.
2.
3.

Para más información
How to win friends and influence people, Dale Carnegie.
¡Baje la guardia!, por Charles R. Swindoll.

4.

SEA ALGUIEN DIGNO DE SEGUIR

Desarrolle las cualidades de un líder eficiente

En todas las épocas llega el momento cuando el liderazgo debe salir al frente para satisfacer las necesidades de la hora. Por consiguiente, todo líder en potencia tiene su oportunidad. Desafortunadamente, también existen momentos en los que ningún líder aparece en el momento preciso.

¿Por qué hay momentos caracterizados por la falta de liderazgo? Y de no haber suficientes líderes para enfrentar el reto, ¿qué se puede hacer al respecto? A Michael Korda, autor del libro *¡Poder!*, le pidieron en una ocasión que hiciera una lista de las personas más poderosas de los Estados Unidos. Su lista apareció publicada en el artículo titulado: «El declive gradual y el colapso total de casi todo el mundo». En ese artículo Korda dice:

«. . . no resulta nada fácil confeccionar una lista de los grandes mobilizadores y agitadores. De hecho, quedan muy pocas figuras poderosas en la sociedad norteamericana. No hace mucho tiempo los maestros dirigían sus clases; los generales (o los sargentos) dirigían el ejército; los policías eran temidos y se les obedecía; los rectores de las universidades eran personalidades respetadas, remotas y magníficas . . . y así sucesivamente pasando por las diferentes escalas sociales. Los Estados Unidos era, en efecto, una nación dirigida por personalidades con autoridad.»

A menos que usted se haya quedado dormido durante las décadas de los años sesenta y setenta, es obvio que todo eso ha cambiado. Prosigue diciendo Korda: «Esto es el resultado de un largo proceso, la consecuencia de nuestro temor al poder y la autoridad . . .» Dos generaciones completas se han rebelado en contra del principio del poder.

«Se consideraba que el poder, había conducido al abuso. Por lo tanto, podemos vivir sin él . . . no sólo podemos, sino que también tenemos que hacerlo así. Todo debe estar sujeto a la voluntad de las personas, expresado en debates abiertos.»

La falta de confianza en el liderazgo tiene un profundo impacto en todos los tipos de relaciones de conjunto. Es concebible que esta desconfianza hacia las figuras que representan la autoridad haya alcanzado a algunas de nuestras iglesias. De hecho, muy bien podría ser esta la causa de mucha de la agitación que ha traído como resultado que a tantos pastores y a otros miembros de las iglesias se les haya pedido que se marchen, o que en otros casos se les haya despedido de forma sumarísima de sus cargos.

En mis conferencias disfruto el hecho de dedicarle tiempo a conversar tanto con personas laicas como con los pastores. Un laico muy activo, hablando sobre una situación que se estaba dando en su iglesia, me dijo: «Nadie parece estar al frente. Parece que nadie quiere ser responsable.» Quizás no haya un planteamiento que refleje mejor la frustración de los buenos clérigos. Se les enseña a pastorear y a amar, pero en muy pocos casos a guiar el rebaño. Yo enseño el principio de la «sombrilla de liderazgo». Imagínese una sombrilla abierta sostenida en una mano, la mano del líder de la organización. Debajo de la protección que brinda esa sombrilla, se encuentran todos los departamentos de esa organización. El éxito de cada uno de los departamentos nunca puede, ni podrá, sobrepasar al jefe que sostiene la sombrilla. El liderazgo establece los parámetros, ya se trate de una organización, un negocio, una iglesia o una familia. Mientras más alto estén los parámetros, más eficaz será el liderazgo.

¿En qué consiste el liderazgo eficiente según el criterio de líderes capaces?

- El mariscal de campo británico Bernardo Montgomery: «El liderazgo es la capacidad y la voluntad de agrupar a hombres y mujeres en torno a una causa común y el carácter que inspira confianza.»

- El presidente Harry Truman: «Líder es la persona que tiene la capacidad de hacer que los demás hagan lo que no quieren o no les gusta hacer.»
- Un líder exitoso, Fred Smith: «El liderazgo es influencia.» Una definición sencilla pero profunda. Una persona puede ocupar un cargo de liderazgo, pero si no influye en el pensamiento y en las acciones de los demás, no es un líder.
- En la Biblia aprendemos que el verdadero liderazgo proviene del hecho de servir a los demás. En Mateo 15:14, leemos lo siguiente: «Si el ciego guiare al ciego, ambos caerán en el hoyo.»
- Entre los proverbios que hablan sobre el liderazgo, este es mi favorito: «El que piensa que marcha al frente y no tiene a nadie que lo siga, tan sólo está dando un paseo.»

¿Dónde están todos los líderes? Parecen haber desaparecido. ¿Es la buena dirección cosa del pasado? No. Creo que podemos volver a crear líderes. Lo que ocurre es que nuestro país ha sufrido varias crisis en los últimos años. El último período en el que contamos con líderes heroicos fue durante la Segunda Guerra Mundial, cuando los Estados Unidos se encontraba en medio de un gran desorden. En sentido general, la aparición de los líderes responde a la ley de la oferta y la demanda. Los tiempos difíciles producen hombres que están dispuestos a enfrentar las crisis.

La complejidad de los tiempos actuales dificulta el surgimiento de líderes. Tal vez nos hayamos tornado demasiado analíticos a la hora de tomar medidas decisivas. Quizás dedicamos demasiado tiempo a estudiar nuestros problemas, y no el tiempo suficiente para resolverlos. Un buen ejemplo para traer a colación es el del ex presidente Jimmy Carter. Cuando David Hartman entrevistó a Tip O'Neil, ya retirado de la Cámara de Representantes, el señor Hartman le preguntó quién era, en opinión de Tip O'Neil, el presidente más inteligente. «Sin discusión —respondió—, Jimmy Carter ha sido el más inteligente.» O'Neil dijo que Carter leía y estudiaba miles de papeles sobre cuestiones tecnológicas de interés para el país. Tenía una comprensión superior de las complejidades de la tecnología. Pero pese a haber sido un presidente inteligente, no fue un líder fuerte. Lamentablemente, las intrincadas y sorprendentes situaciones que enfrenta el país no genera la aparición de líderes. Vamos por tantas direcciones diferentes que resulta casi imposible unificarse en torno a un solo líder.

Aunque usted y yo nunca surjamos como renombrados líderes de talla mundial, no es menos cierto que ambos contamos con un escenario de influencia. Somos líderes dentro de nuestro hogar, nuestro negocio, en la oficina, en nuestra congregación y en algún ministerio. En tal sentido, debemos esforzarnos lo más que podamos para ser líderes eficaces. Creo que existen cinco características no negociables que todo líder eficiente debe tener: sentido de llamado, habilidad para comunicarse, creatividad a la hora de solucionar los problemas, generosidad y firmeza.

EL LÍDER EFICIENTE TIENE SENTIDO DE LLAMADO

Los verdaderos líderes sienten una necesidad interior de asumir sus posiciones; perciben un sentido de responsabilidad. Creo que en el momento en que el padre y la madre ven a su hijo recién nacido, sienten un llamado interior a convertirse en ejemplos divinos para esa preciosa vida que acaba de surgir. Para el líder de la iglesia o para el pastor, hay un llamamiento específico que le hace Dios; una especie de deseo o sentimiento profundo e innato que le hace hacer lo que ha sido llamado a hacer. En el dirigente de un negocio, está presente la necesidad de aceptar el reto, de tomar las riendas y marchar adelante.

En Isaías 6:1-9 encontramos un vivo ejemplo de un hombre que recibió el llamado específico de Dios. En los primeros cinco versículos Isaías experimenta el descubrimiento de Dios y el descubrimiento de sí mismo. Queda abrumado dentro del templo sagrado ante la grandeza y la gloria de Dios, en contraste con su falta de mérito y de pureza. Las personas que reciben el llamado descubren algo superior a ellos mismos: una misión, un reto, un objetivo o un impulso que los empuja hacia un determinado escenario.

Cuando una persona siente que ha sido elegida para dirigir, también debe experimentar un fuerte sentimiento de triunfo. En los versículos 6 y 7 leemos lo siguiente:

> Y voló hacia mí uno de los serafines, teniendo en su mano un carbón encendido, tomado del altar con unas tenazas; y tocando con él sobre mi boca, dijo: He aquí que esto tocó tus labios, y es quitada tu culpa y limpio tu pecado.

El líder experimenta la seguridad de que es apto para realizar su trabajo. Esta anticipación de victoria le permite continuar adelante en sus misiones y vencer los obstáculos que aparezcan en su camino.

A todo líder le llega siempre su momento preciso. Vendrán tiempos en los que los dones y el talento particulares de un líder se hacen necesarios para enfrentar una crisis. Los líderes tratan de emplear y ejercer sus dones para la gloria de Dios. De igual forma, sentirán un enorme deseo, una necesidad, de ser usados por Dios. En el versículo 8, Isaías recibe esta oportunidad: «¿A quién enviaré, y quién irá por nosotros?» Más tarde, Isaías experimenta el deseo de ser usado por Dios, y responde: «Heme aquí, envíame a mí.»

Ese deseo en el corazón del líder es lo que denomino el sentimiento del «tener que». Personalmente, siento el deseo de «tener que» declarar algo, de apuntar en determinada dirección, de guiar a los demás hacia una misión. En ningún momento experimento un sentimiento de ele-cción en este sentido. De hecho, en determinados momentos preferiría cruzarme de brazos y dejar que sea otro quien asuma mi reto. Pero cuando veo o siento a Dios haciendo algo, ese sentimiento de «tener que» me impulsa a seguir adelante. Los seguidores de un líder verdadero confirman su llamado. Este no tiene que declarar su llamado, porque otros lo hacen por él.

¿Qué ocurre con las personas que no son ministros cristianos? Pienso que Dios nos sitúa a cada uno en el lugar donde podemos hacer uso de nuestros atributos y ejercer influencia en otros en su nombre. Por ejemplo, un hombre puede recibir el llamado para que abra un negocio. Sabe que está poniendo en juego su dinero, su crédito, e incluso, su propia credibilidad. Pero existe algo dentro de él que lo impulsa, que lo mueve a la acción.

Quizá usted se pregunte si una persona puede ser un buen líder sin contar con ese sentimiento de llamado. Creo que sí puede ser un buen líder; pero no un gran líder. Eso suena bastante místico, pero ciertamente creo que Dios pone su mano sobre los que están llamados por él a convertirse en grandes líderes. Sin embargo, todos los que dirigen, pueden cultivar y ampliar sus habilidades de dirección.

¿Cómo siente usted que un líder es llamado? Una pista es que los líderes que han sido llamados poseen una cualidad duradera; no claudican, y no pudieran hacerlo aun si lo quisieran. Otra pista es que las personas ungidas cuentan siempre con las respuestas adecuadas; el Dios que los llama, también los prepara. Se escuchan muchas voces en la multitud, pero la del líder que ha recibido el llamado sobresale por encima de las demás. Él o ella sobresale por encima de lo normal, de lo típico y de lo usual. El líder que ha sido llamado tiende a generar otros líderes igual que él; su ministerio es fructífero. Los líderes que han recibido el llamado son personas sobresalientes y hablan en correspondencia con los tiempos y con los asuntos.

EL LÍDER EFICIENTE SABE COMUNICARSE

Los grandes líderes tienen la capacidad de comunicar visualmente sus mensajes a las demás personas. Hace años vi al ex presidente Ronald Reagan y a su esposa Nancy en un programa de televisión. Nancy Reagan estaba tan cerca del borde del escenario que se cayó. Inmediatamente varias personas se lanzaron a ayudarla mientras que el presidente observaba la escena. Sabiendo que no le había ocurrido nada a su esposa, este la miró y le dijo: «Nancy, te dije que no te cayeras del escenario a menos que no me estuvieran aplaudiendo.» El ex presidente Reagan era capaz de transformar un penoso incidente como ese en un instrumento de comunicación. Le transmitió al público que tenía control de la situación, que pensaba rápidamente lo que iba a decir y que confiaba lo suficiente en su relación con su esposa como para hacer un chiste a costa de su desgracia.

Las personas con buena comunicación son capaces de transmitir una idea convincente a su pueblo; existe un factor de confianza de gran relevancia. Considero que Ronald Reagan demostró esa cualidad mejor que nadie en la historia moderna. Fíjese en el siguiente fragmento tomado de la revista «Fortune»:

La elección de personas competentes que se encuentran dentro de su radio de acción le ha permitido al presidente Reagan delegar tareas de forma más eficaz que la mayoría de los demás mandatarios. El ex secretario de transporte Drew Lewis recuerda un incidente ocurrido durante la huelga de los controladores aéreos en 1981 que sentó las bases de las relaciones entre los sindicatos y la administración durante todo el período de Reagan. Lewis estaba preocupado porque los amigos de Reagan, cuyos aviones privados permanecían en tierra, lo instaran a retractarse en su decisión de despedir a los controladores, cosa que el propio Lewis había sugerido.

De manera que el secretario de transporte llamó a Reagan para poner a prueba su capacidad de respuesta.

Lewis recuerda: «El presidente me dijo: Lewis, no te preocupes por mí. Cuando yo apoyo a alguien —tienes razón con respecto al problema de esta huelga—, lo sigo apoyando. No tienes que preguntarme eso otra vez. A partir de ese día supe que ya fuera para aumentar los impuestos sobre la gasolina en 1983 o para vender Conrail, una vez que él decía que estaba bien, no tenía que volverlo a llamar. Yo tenía la autoridad.»

Varias personas que desde hacía mucho tiempo estaban vinculadas a Reagan especulaban que su capacidad para delegar venía de sus experiencias en Hollywood. Dice John Sears, su ex director de campaña: «Muchas personas en las esferas políticas y de negocios consideran que delegar tareas es admitir que hay cosas que ellos no son capaces de hacer. Pero los actores están rodeados de personas con autoridad: directores, productores, guionistas, camarógrafos, ingenieros de luces, entre otros. Pero la autoridad de esas personas no le resta valor al papel del actor. La estrella es la estrella. Y si el espectáculo es un éxito, es el actor quien se lleva los laureles.»

Todos los bienes que se le confían a uno —trátese de dinero, procedimientos, materiales, tecnología— pierden su valor. Los bienes humanos también pueden perder su valor. Es cierto que en algunas organizaciones, en comparación con el año anterior, las personas valen menos, y en otras, inclusive, no valen nada. Pero los bienes humanos también pueden cobrar valor. Las personas pueden valer mucho más. Los que ejercen una dirección poderosa saben que una de las tareas primordiales de la administración es encontrar vías para desarrollar a las personas.

Cuando Edison cumplió ochenta años de edad, se le acercó un periodista que le preguntó cuál era el más grande de todos sus inventos. Edison, sin vacilar ni un instante, respondió: «El laboratorio de investigaciones.»

Dudo que esa respuesta la haya comprendido plenamente la propia generación de Edison. Las personas quedaban extasiadas ante sus milagrosos inventos: la bombilla incandescente, el fonógrafo, las mejoras que hicieron posible la aparición de la radio, el teléfono y los motores eléctricos. Los de su generación lo conocían como el mago del parque Menlo. Fue tal la transformación que provocó en las vidas insípidas y trabajosas de las personas, convirtiéndolas en vidas colmadas de entretenimiento y de luz, de posibilidades y alternativas, que fue respetado como ningún otro hombre en la industria norteamericana.

Pero Edison comprendió el secreto de su gran éxito: usted no puede hacerlo todo por sí solo. Si realmente quiere convertirse en un líder fuera de lo común, tendrá que buscar la forma para que gran parte de sus ideas sean vistas, puestas en práctica y asumidas por los demás. El líder tiene ante sí la imagen completa; pero también sabe la necesidad de compartir esa imagen con personas que puedan ayudarlo a convertirla en realidad.

Ronald Reagan logró eso de manera excepcional. Estableció la dirección para la organización; pero dejó que el jefe del gabinete se encargara de la administración directa. Reagan recurrió a su gabinete y al personal de la Casa Blanca para conformar las principales iniciativas y ofrecer nuevas ideas, mientras él se concentraba en los grandes problemas como las reformas a la política de impuestos o los acontecimientos que sentaban los estados de opinión, como por ejemplo la cumbre con el líder soviético Mijail Gorbachov. Opina el académico y rector de la Universidad de Harvard, Roger Porter, quien durante cinco años trabajó en la Casa Blanca: «Reagan no dedicó mucho tiempo a los asuntos periféricos. Esa era una de las claves de su éxito.»

Más que los últimos presidentes y que muchos dirigentes de negocios, Reagan también tuvo éxito a la hora de llevar su visión a un sencillo orden del día, con prioridades muy claras, que los legisladores, burócratas y miembros constituyentes podían comprender de inmediato. Lyndon Johnson tuvo la visión de una «gran sociedad», pero tenía demasiados asuntos en su agenda legislativa. Las metas de Jimmy Carter eran opacadas por constantes cambios de criterios. A diferencia de eso, la agenda de Reagan, con su reducción de impuestos, la eliminación de las regulaciones, los aumentos en el programa de defensa y la disminución de los gastos nacionales, quedó establecida bien temprano y fue abordada de manera constante. El encuestador independiente Gerald Goldhaber sostiene que casi el setenta por ciento de los norte-americanos pueden mencionar al menos una de las cuatro prioridades de Reagan. En contraste con eso, los porcentajes de los presidentes Johnson, Nixon, Ford y

Carter fluctúan entre el quince y el cuarenta y cinco por ciento.

Reagan tenía la capacidad de presentar la visión ante la nación. ¿Cómo se trasmite una visión? Ante todo, uno tiene que *verla* claramente ante sus ojos; no se puede transferir algo que uno no ve. Después hay que ser capaz de *expresarla* de una forma creativa para que las personas puedan comprenderla y asimilarla. Por último, uno tiene que ser capaz de *mostrar* su visión a cada momento. Siempre debe presentársele a los seguidores, como un recordatorio del objetivo a seguir.

Los buenos líderes también tienen confianza en sí mismos y, por consiguiente, ganan la confianza de los demás. El autor de este pequeño poema comprendió el valor de la seguridad en uno mismo dentro del marco del liderazgo:

El que no conoce, y no sabe que no conoce, es un tonto; evítelo.
El que no conoce, y sabe que no conoce, es un niño; enséñele.
El que conoce, y no sabe que conoce, está dormido; despiértelo.
El que conoce, y sabe que conoce, es sabio; sígalo.

La confianza en uno mismo es la piedra angular. A las personas que no creen en sí mismas, les resulta difícil creer en los demás. A los demás también les cuesta trabajo creer en ellas. En un líder, la confianza en sí mismo despierta la confianza de sus seguidores, lo cual le confiere la libertad de ser un emprendedor arriesgado y un motivador de cambios.

EL LÍDER EFICIENTE ABORDA LOS PROBLEMAS CON HABILIDAD

Todo el mundo enfrenta problemas. La capacidad de encontrar soluciones de manera hábil determinará el éxito o el fracaso de cada una de las dificultades.

El símbolo chino para representar las crisis significa «peligro». Pero también quiere decir oportunidad. La clave está en utilizar una situación de crisis como una oportunidad para lograr cambios. Usted nunca tendrá éxito si se da por vencido y se rinde. Homero, el poeta griego, comprendió el valor de una crisis. Él escribió: «La adversidad tiene el efecto de despertar el talento que en circunstancias prósperas hubiera permanecido dormido.»

¿Recuerda el cuento del granjero que criaba pollos y cuyas tierras se inundaban totalmente todas las primaveras? Aunque las inundaciones le causaban horrendos problemas, se negó a mudarse. Cuando las aguas crecían, alcanzando sus tierras e inundándole los corrales de los pollos, se apresuraba a trasladarlos a lugares más altos. En ocasiones, cientos de pollos se ahogaban porque el granjero no conseguía trasladarlos a tiempo.

Un año, tras sufrir cuantiosas pérdidas debido a una fuerte inundación, entró en la granja y con voz llena de desesperación le dijo a su esposa:

—No soporto más. No tengo dinero para comprarme otro lugar. Tampoco puedo vender este. ¡No sé lo que voy a hacer!

—Compra patos —le respondió su esposa con calma.

La habilidad creadora es una característica que no siempre es admirada por los que no la poseen. Los que no la tienen, interpretan la habilidad creadora y la inventiva como estupidez y falta de sentido práctico. Si les parece que pueden «salvar» a la persona hábil, tratan por todos los medios de llevarla hacia la corriente común de pensamiento. Le dirán que se mantenga ocupada, que no se desvíe de las reglas, que sea práctico y que no se ponga en ridículo. Los pensadores tradicionales no se percatan de que los pensadores con habilidad creativa son los genios del mundo. De no haber sido por la inventiva de alguien, no tendrían trabajo.

El hermano de Walt Disney nos narra un interesante relato acerca del incipiente genio de Walt cuando estaba en quinto grado. La maestra les pidió a los alumnos que dibujaran un jardín lleno de flores. Mientras caminaba entre las hileras de asientos revisando los trabajos de los estudiantes, se detuvo ante el pupitre del joven Walt. Al percatarse que su dibujo era bastante inusual, la maestra exclamó:

—Walt, eso no está bien. Las flores no tienen rostros.

Lleno de confianza, el niño replicó:

—Las mías sí los tienen.

Y prosiguió con su trabajo.

Hasta el día de hoy, sus flores tienen rostros. Todas las flores en Disneylandia y en Disneymundo tienen rostros.

EL LÍDER EFICIENTE ES UN CONTRIBUYENTE GENEROSO

Un líder no se mide por la cantidad de personas que le sirven, sino por la cantidad de personas a las que él sirve. Los verdaderos líderes tienen algo que ofrecer, y lo ofrecen gratuitamente. Anthony

DeMello vio una vez a un niño hambriento que temblaba de frío. Molesto, alzó su vista hacia el cielo y dijo:

—Dios, ¿cómo puedes permitir tanto sufrimiento? ¿Por qué no haces algo?

Tras un silencio prolongado, DeMello quedó aterrado cuando escuchó la voz de Dios que le dijo:

—Ciertamente he hecho algo. Te hice a ti.

Veamos los comentarios de William Arthur Ward de la Universidad Wesleyana de Fort Worth, estado de Texas:

> *Si usted es inteligente,*
> *la grandeza lo hará olvidarse de sí mismo.*
> *Olvide sus derechos; pero recuerde sus responsabilidades.*
> *Olvide sus inconvenientes; pero recuerde sus bendiciones.*
> *Olvídese de sus propios logros;*
> *pero recuerde sus deudas con los demás.*
> *Olvide sus privilegios; pero recuerde sus obligaciones.*
> *Siga el ejemplo de Florence Nightingale,*
> *de Alberto Schweitser, de Abraham Lincoln, de Tom*
> *Wooley; y que la grandeza lo haga olvidarse de sí mismo.*
> *Si es inteligente, se dejará arrastrar hacia la aventura.*
> *Recuerde las palabras del general Douglas McArthur:*
> *«No existe seguridad sobre la faz de la tierra.»*
> *Sólo hay oportunidades.*
> *No ocupe sus días en la búsqueda de la seguridad;*
> *llénelos con la pasión por el servicio.*
> *No ocupe sus horas en la ambición por el reconocimiento;*
> *llénelas con la aspiración por el logro.*
> *Cuando tenga necesidad de entretenimiento;*
> *llene sus horas con la búsqueda de la habilidad creadora.*

Si usted es sensato, se perderá en la inmortalidad. Despójese del cinismo. Despójese de sus dudas. Despójese de sus temores. Despójese de su ansiedad. Despójese de su incredulidad.

Recuerde estas verdades: Una persona tiene que olvidarse pronto a sí misma para que sea recordada por siempre. Tiene que vaciar su ser en aras de encontrar un ser más pleno. Tiene que despojarse de sí mismo para encontrarse a sí mismo. Olvídese de la grandeza.

Dedíquese a la aventura. Piérdase en la inmortalidad.

Parece como si fuera Jesucristo quien hablara, ¿no es cierto? Los grandes líderes son personas que lo entregan todo.

EL LÍDER EFICIENTE ES PERSISTENTE

Dejé este punto de vista para el final porque existen muchas personas que son persistentes, pero que no son líderes. De hecho, nadie nunca ha conseguido a la larga ser un líder eficiente sin ser persistente. A partir del momento en que las personas se enteran de que no somos formales o responsables, dejan al instante de confiar en nuestro liderazgo.

Recientemente vi un dibujo animado que ilustra este principio muy importante. Un joven le dice al predicador:

—Debe ser difícil ser ministro. Quiero decir, vivir con ordenanzas, llevando una vida ejemplar. ¡Eso es mucha responsabilidad! La presión debe ser tremenda. Tener que dar un buen ejemplo ... con personas vigilándolo a uno, esperando que se dé un solo paso en falso, una sola señal de fragilidad humana para atacarlo. Realmente no sé cómo usted puede enfrentar eso.

Humildemente el predicador le dijo:

—Paso mucho tiempo en mi casa.

Veamos la palabra «ser». Cuando hablamos de «lo que es» alguien, nos estamos refiriendo a las cualidades y características que identifican a ese individuo en particular. Al «ser» se le puede denominar perfectamente «la marca del alma». Es lo que somos. Sin embargo, a través de nuestras acciones, esa marca puede crecer o disminuir.

«La primera clave para conseguir la grandeza —nos recuerda Sócrates—, es ser en realidad lo que aparentamos ser.» Jesucristo expresa esa misma idea en el sermón del monte (Mateo 7:15):

Guardaos de los falsos profetas, que vienen a vosotros con vestidos de ovejas, pero por dentro son lobos rapaces.

Un líder debe ser persistente en tres esferas:
• las personas (eso desarrolla seguridad)
• los principios (eso ofrece orientación)
• los proyectos (eso fortalece la moral)

Los líderes expresan sus opiniones. Un estudio realizado recientemente indica que las personas prefieren seguir a un líder con el que discrepan, que uno con el que están de acuerdo pero que constantemente está cambiando de parecer o de rumbo.

El llamado a convertirse en líder es un verdadero reto. Nunca antes ha estado más clara la necesidad de una dirección fuerte. Nunca antes ha sido más alto el precio del liderazgo. Nunca antes han sido mayores las tentaciones del liderazgo. Nunca ha estado tan cerca la hora del liderazgo. ¡Acepte ese reto! Recuerde que «en todas las épocas llega la hora en la que el liderazgo debe salir adelante para hacer frente a las necesidades del momento. Por consiguiente, no existe un posible líder a quien no le llegue su momento preciso. Desafortunadamente, existen momentos en los que no aparece un líder a la hora justa.

Usted puede ser el líder de esta hora.

PÓNGALO EN PRÁCTICA
Principios clave
• El liderazgo es influencia.
• El que piensa que es líder y no tiene a nadie que lo sigue, tan sólo está dando un paseo.
• Los seguidores de un líder verdadero corroboran su llamado. Este no tiene que declarar su llamado, porque otros lo hacen por él.
• Los que desarrollan un liderazgo poderoso comprenden que una de las tareas esenciales de la administración es buscar formas para desarrollar a las personas.
• La confianza en sí mismo de un líder despierta la confianza de sus seguidores, lo que le ofrece libertad para ser una persona arriesgada, capaz de motivar cambios.
• Un lider tiene que ser persistente en tres esferas:
   Las personas: eso da seguridad.
   Los principios: eso ofrece orientación.
   Los proyectos: eso fortalece la moral.

Aplicación de estos principios
En mis relaciones con las demás personas, aplicaré los principios que aparecen en este capítulo de la siguiente forma:

1.
2.
3.

Para más información
Un líder no nace, se hace, por Ted W. Engstrom
Desafíos del liderazgo, por Ted W. Engstrom

5.

MOTIVE PARA BENEFICIO DE LAS PERSONAS

Desarrolle el arte de sacar lo mejor de las personas

Podemos preguntamos: ¿En qué momento de la vida aprende una persona a ser persuasiva? ¿Cuándo es que aprende el delicado arte de convencer a los demás de que lo que es bueno para ella también es bueno para otros? ¿Ha visto alguna vez a un bebé recién nacido que tiene hambre, o que necesita que le cambien los pañales, o que quiere que lo tomen en brazos? No le toma mucho tiempo a ese bebé persuadir a un adulto de que hace falta tomar alguna medida con él. Nadie aguanta estar por mucho tiempo junto a un bebé que llora desconsoladamente.

A medida que ese bebé va creciendo, sus métodos motivacionales se van refinando. Aprende cuál es el momento idóneo para tener una rabieta, o cuándo debe llevarle una manzana a la maestra. Aprende cuáles son los comportamientos que le complican la vida y los que le permiten conseguir lo que quiere. Esa capacidad de persuasión, que se hace evidente desde el momento mismo del nacimiento, debiera refinarse y convertirse en más beneficiosa para nosotros y para las personas a quienes dirigimos a medida que experimentamos la vida y las relaciones.

El otro día, antes de ir a la escuela, mi hijo Joel quería salir a mirar a los constructores que estaban frente a nuestra casa. A todos los conoce por nombre, y ellos, por supuesto, lo conocen bien. Él se considera un elemento vital para la culminación de la obra. Cuando le pregunté si se había cepillado los dientes, me respondió que sí. Ahora bien, yo sabía que no, y por haberme mentido, le dije que no podía salir a mirar a los trabajadores, y que en cambio tenía que cepillarse los dientes. Se fue llorando para su habitación. Poco después regresó con cara del que tiró la piedra y escondió la mano.

—Papá —me dijo—, ¿me das permiso para salir hoy por la mañana y luego no me dejas ver la televisión por la noche?

—No, lo siento mucho —le respondí—. No puedes salir.

Regresó nuevamente a su cuarto llorando. Dos minutos más tarde volvió con otra gran sonrisa en sus labios.

— ¿Qué te parece si no me dejas jugar con la computadora hoy?

Obviamente, Joel estaba tratando de negociar y de persuadirme para que cambiara de parecer. ¡En eso es todo un experto! Pero por si acaso se lo está imaginando. . . ¡esa mañana no salió!

Una vez escuché la historia de un tejano rico que hizo una gran fiesta para su hija porque ella ya estaba en la edad de poder casarse. Quería buscarle un esposo adecuado a su hija, alguien que fuera valiente, inteligente y que tuviera grandes motivaciones. Con ese objetivo, invitó a muchísimos jóvenes solteros con posibilidad de ser el elegido.

Después que se hubieron divertido mucho en la fiesta, llevó a los posibles pretendientes al patio de la casa y les mostró una piscina olímpica llena de serpientes venenosas y de caimanes. Acto seguido el hombre anunció:

—El que se lance en esta piscina y nade de un extremo al otro, puede optar por alguna de estas tres cosas: un millón de dólares, diez mil hectáreas de mis mejores tierras o la mano de mi hija, quien después que yo muera, heredará todo lo que poseo.

Apenas había terminado de hablar, cuando uno de los jóvenes se lanzó en la piscina y reapareció en el otro extremo de la alberca en menos de dos segundos. El tejano rico quedó perplejo ante el entusiasmo de aquel muchacho.

—Amigo —le dijo—, nunca en mi vida había visto a alguien tan motivado y tan emocionado. Quisiera preguntarte qué es lo que quieres. ¿El millón de dólares, las diez mil hectáreas de tierra o la mano de mi hija?

El joven lo miró humildemente:

—Señor —le dijo—, quisiera saber *quién* me empujó a la piscina.

Existen en el mundo algunas malas interpretaciones en torno a la persuasión. Se le han conferido connotaciones negativas a la persuasión y se la ha asociado con la manipulación. En realidad, el significado en latín de esa palabra es muy positivo. *Per* significa «a través» y *suasio* quiere decir «dulzura». De modo que persuadir significa utilizar la dulzura para lograr que las personas hagan las cosas. Una persuasión eficaz es el resultado de relacionar, no de mandar. Le habla al corazón de la misma forma en que le habla a la mente. Por lo tanto, la persuasión no emplea la fuerza o la intimidación.

Hacer que una persona haga algo sin convencerla de que eso es lo correcto no es el resultado de una motivación eficaz; es el resultado de la intimidación. Es como el caso de la madre que le dice a su hijito que se siente en el carro de hacer las compras en el supermercado. El niño sigue de pie dentro del carro, mientras que la madre le insiste que se siente. Finalmente, la mamá le regaña tanto que el niño termina por sentarse. La madre lo escucha susurrar para sí mientras se sienta: «Por fuera estaré sentado; pero por dentro voy de pie.» Cuando conseguimos que las personas se sienten por fuera, mientras que en su interior permanecen de pie, no las estamos persuadiendo; sencillamente nos están haciendo el gusto. No hemos podido convencerlas, ni tampoco hemos sido capaces de satisfacer sus necesidades básicas.

LA CAPACIDAD DE PERSUASIÓN DE UN HOMBRE

El incidente que narraremos a continuación deja sentadas las bases del resto de este capítulo. Se trata de un relato dramático acerca de la capacidad de persuasión de Emilio Zolá Berman, contado por el fiscal Morton Janklo.

Cuando Emilio Zolá Berman, el afamado abogado de Nueva York, entró en el Club de Suboficiales del campamento de la Infantería de Marina ubicado en la isla Paris, estado de Carolina del Sur, en aquella noche cálida y húmeda de julio de 1956, la tensión fue palpable e inmediata. Los instructores de entrenamiento, con su acostumbrada fanfarronería, quedaron mudos cuando Zuke Berman (como lo conocían todos) entró en sus recintos sagrados como si fuera el dueño del lugar, se dirigió al centro del local, se subió encima de la mesa, y con una mirada de acero observó fijamente a los suboficiales allí reunidos.

El club quedó en silencio. Luego, con la destreza del gran actor que era, Berman dijo:

—Me llamo Emilio Zolá Berman. Soy civil, judío y yanqui de la ciudad de Nueva York. He venido hasta aquí para salvar a la Infantería de Marina. Si nadie se decide a ayudarme, regresaré a Nueva York para proseguir mi vida. Si a ustedes les interesa la infantería, y si les interesa la verdad, vengan a vernos esta noche en nuestros predios y ayúdennos para que continúen sintiéndose orgullosos de ser infantes de marina.

Tras decir eso, se bajó de la mesa y salió del lugar a pasos agigantados, tan callado como había entrado.

La ocasión de ese drama era la corte marcial más famosa en toda la historia de la Infantería de Marina. Al sargento Matthew McKeon —la personificación del instructor profesional de entrenamiento de los infantes de marina— se le estaba enjuiciando en proceso sumarísimo. Debía responder a serias acusaciones por la muerte de seis jóvenes reclutas de su compañía que habían muerto ahogados durante un ejercicio disciplinario de entrenamiento nocturno realizado en los pantanos de Ribbon Creek. Berman y yo (que entonces era un joven abogado con experiencia en el sistema jurídico militar) nos habíamos ofrecido voluntariamente para defender a McKeon. La clave de nuestra defensa contra las acusaciones más serias era probar que lo que McKeon había hecho no constituía un acto de crueldad contra sus soldados, sino que se trataba, en efecto, de una práctica común entre los instructores de entrenamiento de la Infantería de Marina que estaban preparando jóvenes para el combate.

Cuando unos días antes habíamos llegado a la isla Paris, teníamos la esperanza de que los instructores cooperaran plenamente con nosotros para llegar a la verdad en torno a los entrenamientos de combate. En cambio, tropezamos contra una muro de piedras, erigido, según nos enteramos más adelante, por los jefes principales de la Infantería de Marina. Nadie hablaba con nosotros. Ni siquiera contábamos con testigos procedentes de las otras bases. Por mucho que lo intentamos, no lográbamos persuadir a los jefes de la Infantería de Marina o a sus instructores de entrenamiento de que lo que estaba en juego era el futuro y la credibilidad de la Infantería de Marina.

La aparición de tan sólo un minuto hecha por Berman y las dramáticas palabras que pronunciara en el Club de Suboficiales constituyeron un intento desesperado de su parte por atravesar aquella pared de silencio.

Esto nos ayuda o nos acaba —me dijo mientras salíamos del club.

Ya de regreso en nuestras oficinas, Berman se acostó a dormir, no sin antes dejarme levantado y esperando, por si acaso, tal y como nosotros esperábamos, alguien se aparecía. Cerca de las dos de la madrugada, tal y como habíamos previsto, escuchamos un ligero toque por la ventana. Le abrí la puerta a uno de los instructores de entrenamiento, visiblemente atemorizado:

Creo saber por qué ustedes están aquí —dijo—, y estoy preparado para contarles lo que está ocurriendo en estos campamentos.

Su testimonio fue lo que precipitó los acontecimientos. Antes de que concluyéramos, decenas de instructores aparecieron para testificar que, en realidad, las caminatas por los pantanos era una práctica asidua para disciplinar a las tropas y que no había nada «inusual o cruel» en este comportamiento.

Zuke Berman había conseguido persuadir a un grupo de hombres, de los más duros del mundo, para que actuaran correctamente, a pesar del temor. He tomado el testimonio del fiscal Janklo acerca de la capacidad de motivación de Berman y a continuación señalo los siete principios de la persuasión.

SEPA EXACTAMENTE LO QUE ESTÁ TRATANDO DE LOGRAR

Antes que usted pueda persuadir a los demás con relación a algo, necesita saber exactamente qué es lo que desea lograr. Zuke Berman sabía exactamente cuáles eran sus propósitos y metas. El hombre de negocios H. L. Hunt también comprendió la importancia de conocer las metas; él mismo definió tres pasos que tenemos que dar para alcanzar una determinada meta. Primero, tenemos que decidir lo que queremos; después, debemos decidir cuánto estamos dispuestos a ceder; por último, tenemos que salir en busca de lo que queremos.

En mi trabajo con los pastores, una de las primeras cosas que siempre les sugiero hacer es que confeccionen una declaración de propósitos para que esta los ayude a determinar a dónde quieren llegar. Usted no puede lograr alguna cosa de peso a menos que sepa hacia dónde se dirige. La primera vez que escribí una declaración de propósitos, le pedí a los miembros de la junta de la iglesia que me ayudaran. Lancé la siguiente pregunta: ¿Cuál es el propósito de la iglesia? Veintidós miembros me entregaron dieciséis respuestas diferentes. Me percaté de que si nuestros miembros laicos no estaban de acuerdo con el propósito, no lograríamos nada grande para Dios. Ante todo necesitábamos escribir una declaración de propósitos. De manera que trabajamos juntos, aclaramos nuestros pensamientos, y acordamos un propósito común para la iglesia.

Existe en el Smithsonian Science Museum una placa muy inspiradora. Se trata de unas palabras dichas por John Fitzgerald Kennedy a comienzos de la década de los años sesenta: «Esta nación debe comprometerse a alcanzar la meta, antes que finalice esta década, de que un hombre llegue a la luna.» Todos sabemos lo que ocurrió en el mes de julio de 1969; muchos presenciamos el suceso por la televisión. Como el presidente había trazado una meta alcanzable bien definida, la nación se lanzó de manera entusiasta a conseguirla.

En sus comentarios acerca del éxito de aquel histórico viaje a la luna, Alberto Siepert, subdirector del Centro Espacial «Kennedy», expresó en 1969: «La razón por la cual la NASA ha tenido éxito se debe a que la NASA tenía una meta claramente definida, y de esa misma forma la expresó. Al hacer eso, conseguimos atraer a los mejores hombres en aras de esa meta, y contamos con el apoyo de cada elemento del gobierno para alcanzarla.» Una meta no es más que un sueño que tiene fecha tope.

Con miras a facilitarle la definición y el cumplimiento de sus metas, tenga en mente estas cinco C:

- **Consideración.** ¿Cuál es la respuesta que se requiere? Esa fue la pregunta que hizo el señor Berman cuando les pidió a los sargentos de entrenamiento de la Infantería de Marina que lo ayudaran.
- **Credibilidad.** ¿Qué es lo que tengo que hacer para lograr la respuesta requerida?
- **Contenido.** ¿Qué tengo que decir para lograr la respuesta requerida?

• **Convicción**. ¿Cómo tengo que decirlo?

• **Conclusión**. ¿Qué pasos tengo que dar para lograr la respuesta requerida? Ahora que he dicho, que he sentido y que estoy decidido a hacer algo, ¿qué tipo de acción debo tomar?

Muchas organizaciones me recuerdan a la niñita que viajaba en un ómnibus con su padre y no estaba segura hacia dónde se dirigían. «Papá —le preguntó—, ¿dónde estaremos cuando lleguemos hacia dónde vamos?» Es mejor que sepamos hacia dónde nos dirigimos antes de subirnos al ómnibus.

PÓNGASE EN EL LUGAR DE LA OTRA PERSONA

Todos persuadimos, pero no desde nuestros propios puntos de vista, sino para alcanzar los puntos de vista de los demás. Eso fue lo que hizo el señor Berman cuando pronunció sus palabras: «He venido hasta aquí para salvar a la Infantería de Marina.» No dijo: «Mis logros son excepcionales, y estoy aquí para probárselos.» Inmediatamente se identificó con el orgullo de los infantes de marina y, por consiguiente, consiguió que los marinos le prestaran atención, además de que lo respetaran.

Asegúrese de cuáles son las razones específicas por las cuales otra persona necesita de la persuasión y porqué tal vez la ha rechazado. ¿Qué hay en sus metas que produce rechazo o resentimiento? ¿Cuál de las prioridades o de las necesidades de esa persona está amenazada por sus metas? ¿Cómo puede aliviar esos temores? A los marinos les preocupaba que si salían al frente en franco desafío a las orientaciones de sus superiores de mantener el hecho en silencio, pudieran meterse en complicaciones.

Berman trató de no engañar a los infantes de marina diciéndoles que no corrían riesgo alguno. El riesgo era obvio. En cambio, decidió apelar al orgullo de ellos como hombres y como infantes de marina. Se puso de parte de ellos e hizo que se percataran que todos tenían la misma meta que él perseguía. Todos deseaban salvar a la Infantería de Marina. Al ponerse en el lugar de los demás, usted siente sus necesidades y puede abordar mucho mejor los asuntos que los preocupan a ellos. Eso no siempre resulta algo fácil de hacer; pero es necesario si quiere tener éxito.

Recientemente participé en una conferencia llamada «Cómo romper la barrera de los doscientos» junto con los doctores Carl George y C. Peter Wagner. Cuando me asignaron esa temática, me percaté que se trataba de un «tema candente», porque la mayoría de las iglesias en los Estados Unidos están por debajo de esa cifra. Recordé que así era cuando estaba pastoreando en Hillham, estado de Indiana. Tenía que ser capaz de identificarme con los pastores de las pequeñas iglesias antes de que pudiera alentarlos. Tuve que responder tres preguntas antes de poderme poner en el lugar de ellos. Se trata de preguntas que a usted también le pueden ser útiles.

En primer lugar, *¿qué saben ellos?* ¿Cuáles son las experiencias que han vivido? Si lo único que se tiene es un martillo, entonces todo lo que uno ve a su alrededor parecen ser clavos. ¿Habrán estado utilizando alguna herramienta en específico? Pregúnteles a las personas sobre lo que consideran importante. Descubra lo que es característico en sus vidas.

Luego, *¿qué sienten?* La persuasión efectiva toma en cuenta los sentimientos de las personas. Una vez que se identifican esos sentimientos se pueden dar pasos para conformar un plan de acción.

Bob Conklin, en una obra sobre cómo lograr que las personas hagan cosas, recuerda la historia de Ralph Waldo Emerson, quien en compañía de su hijo luchaba con una ternera para obligarla a entrar en el establo. Empapado de sudor, el gran sabio estaba a punto de perder el control de sí mismo cuando, en eso, pasó por el lugar una sirvienta irlandesa. La muchacha le sonrió dulcemente a Emerson y metió un dedo en la boca del animal. Atraída por ese gesto maternal, la ternera, tranquilamente, siguió a la joven y entró al establo.

«Las personas son como los terneros —señala Conklin—. Uno puede aguijonearlas o empujarlas suavemente, y sin embargo no se mueven. Luego déles una buena razón, una de *sus* buenas razones, una forma en la que se beneficien, y lo seguirán sin poner resistencia. Las personas tienen sus razones para hacer las cosas; no las hacen teniendo en cuenta las razones de usted. Y esos motivos son emocionales, estimulados por la forma en que se sienten.»

Se cuenta que cuando Michael Faraday inventó el primer motor eléctrico, deseaba contar con el interés y el respaldo del entonces primer ministro británico, William Gladstone. Fue así que Faraday tomó un modelo sin perfeccionar (consistía sólo de un pequeño alambre girando alrededor de un imán) y se lo mostró al estadista. Obviamente, a Gladstone no le interesó.

—¿Para qué sirve eso? —le preguntó a Faraday.

—Algún día usted hará pagar impuestos por esta cosa —le respondió el gran científico. Con eso, sus esfuerzos se vieron retribuidos con la lógica y el apoyo del primer ministro, pues había conseguido despertar el interés del premier. Aquel invento representaba el trabajo, el sudor y el genio de Faraday; pero para poder obtener la aprobación de Gladstone, tenía que representar la libra esterlina británica.

En tercer lugar, *¿qué quieren?* Las personas tienen ciertas necesidades y expectativas. Si logran apreciar que lo que uno quiere también puede garantizarles lo que quieren, entonces se vuelven más receptivas y abiertas. El gran orador, cuyo objetivo principal es la motivación, que responde al nombre de Zig Ziglar, con bastante frecuencia dice: «En la vida usted puede lograr todo lo que quiere, si ayuda a bastantes personas a conseguir lo que ellas quieren.» Si tocamos el corazón de las personas, con temas que les interesan, estarán dispuestas a pagar el precio.

Tom Hopkins escribe en su obra acerca del dominio del arte de vender: «Usted tiene que hacerse de la vista gorda.» Y cita el ejemplo de un vendedor ciego de bienes raíces que no podía ver las propiedades que vendía; por lo tanto, tenía que venderlas a través de los ojos de sus compradores. «Usted tiene que ver los beneficios, las características y las limitaciones de sus productos o de sus servicios a través de los ojos de sus posibles compradores.» Y prosigue diciendo: «Tiene que pesarlos en la escala de valores del comprador, no en la suya. Tiene que concentrarse en los beneficios que son de valor para él.» La perspectiva de usted determina sus acciones y sus reacciones.

Cuando el prójimo se demora, es lento.

Cuando yo me demoro, es que ya acabé.

Cuando el prójimo no lo hace, es holgazán.

Cuando yo no lo hago, es que estoy ocupado.

Cuando el prójimo hace algo sin habérsele dicho, se está extralimitando.

Pero cuando lo hago yo, eso es iniciativa.

Cuando el prójimo pasa por alto una regla ética, es grosero.

Cuando yo paso por alto algunas reglas, es que soy original.

Cuando el prójimo complace al jefe, es un adulador.

Cuando yo complazco al jefe, es que estoy cooperando.
Cuando el prójimo se adelanta, está buscando descansar.
Cuando yo me las arreglo para adelantarme, esa es tan sólo
la recompensa de trabajar duro.

El columnista Sydney J. Harris escribió en una oportunidad: «Tomás Aquino, que sabía más que nadie sobre educación y persuasión, dijo en una oportunidad que cuando uno quiere transformar a alguien para que tenga su mismo punto de vista, se debe ir hasta donde está esa persona, tomarla de la mano (en sentido figurado) y guiarla. Uno no debe pararse en medio del cuarto y gritarle, no se le dice cuán inútil es ni se le ordena que vaya hacia donde uno está. Hay que comenzar donde se halla esa persona, y trabajar a partir de esa posición. Esa es la única forma de hacerlo ceder.

EXPONGA DE INMEDIATO LOS PROBLEMAS

Una de las partes clásicas del discurso de Zuke Berman son las palabras que dijo al comienzo: «Yo me llamo Emile Zolá Berman. Soy civil, judío y yanki de la ciudad de Nueva York.» Ser civil, ser neoyorquino y ser judío no eran realmente los calificativos adecuados para iniciar una defensa en Carolina del Sur, en una prominente corte de infantes de marina en julio de 1956. Pero al poner todas sus cartas sobre la mesa desde el comienzo, el señor Berman sabía que todos esos obstáculos quedarían detrás, que no se interpondrían en el camino que le quedaba por delante.

Cuando uno encara los posibles problemas desde el comienzo, y resuelve la parte de las emociones, puede concentrarse en los aspectos más importantes. De lo contrario, esos aspectos nunca serían escuchados, y todo lo que se oiría serían los «Sí, pero . . .» En la dirección de la iglesia, me apoyo bastante en este principio. Por ejemplo, antes de cualquier sesión de la iglesia, siempre envío una carta señalando los problemas que la iglesia está enfrentando en esos momentos. El hecho de que la congregación sepa que yo como pastor ya estoy consciente de los problemas, les da confianza y tranquilidad.

Siempre abordé los problemas de frente. Eso establece una base de confianza necesaria en cualquier relación. Si no reconoce y aborda los problemas, afectarán los asuntos a tratar, se levantarán barreras y habrá sentimientos negativos. Eso también crea una brecha en la credibilidad. Tenga en mente que en algún momento tendrá que enfrentar los problemas. Es mejor abordarlos desde el principio, antes de que tengan la oportunidad de enconarse y hacerse insuperables.

ESTÉ PREPARADO PARA ARRIESGARSE

Tal vez tenga que arriesgarse y hacer compromisos que le cuesten algo. El señor Berman se arriesgó cuando declaró: «Si nadie me ayuda, me voy de regreso a Nueva York para continuar mi vida.»

Cada vez que usted intente hacer cambiar una opinión —ya sea la de un jurado en un juicio por homicidio, o la de un amigo, cónyuge o pa-riente—, siempre va a encontrar niveles de resistencia. Llegará un momento en el que habrá hecho todo lo posible por presentar su caso; entonces, esté preparado para defender su criterio y aceptar las consecuencias. A la mayoría de las personas, cuando tratan de expresar un punto de vista de forma persuasiva, les entra temor de que van a fallar, y transmiten ese temor a la persona que están tratando de persuadir.

El temor es la causa más segura que conlleva al fracaso. Si usted consigue armarse de valor, como lo hizo Zuke Berman, presentar todos los aspectos de su caso y marcharse preparado para una posible derrota, en la mayoría de los casos saldrá ganador. Las personas sienten un gran respeto por quienes dicen: «Esto es lo que tengo que decir. He sido completamente sincero a la hora de explicar mi posición, y espero que estén de acuerdo conmigo.»

Los líderes ostentan dos características importantes: siempre se dirigen hacia alguna meta, y siempre son capaces de persuadir a otros para que lo acompañen. Un liderazgo eficiente y arriesgado ocurre cuando siento *convicción* (la causa es justa), y cuando percibo *confianza* (puedo hacerlo y los demás me ayudarán a conseguirlo),

APELE A UNA VISIÓN SUPERIOR

La mayoría de las personas son sinceras y justas y, por naturaleza, quieren hacer «lo correcto». Sin embargo, no siempre están seguras de lo que es lo justo y correcto y, en ocasiones, se sienten muy ansiosas cuando se ven obligadas a decir que sí o que no. Como persona que utiliza la persuasión, es su tarea hacer comprender los ideales humanos representados por su posición. Tiene que lograr que las personas sientan amor por lo que tratan de hacer, de manera que emocionalmente estén dispuestas a corresponder de la manera que usted busca. Eso fue lo que hizo Zuke Berman cuando dijo: «He venido hasta aquí para salvar a la Infantería de Marina.» Los instructores de entrenamientos comprendieron eso y admiraron el valor con que él los enfrentó.

El movimiento por los derechos civiles celebró su más importante triunfo contra el fanatismo cuando las cadenas noticiosas mostraron imágenes de los manifestantes en Selma, estado de Alabama, en momentos en que la policía soltaba los perros y la emprendía a golpes contra la multitud con sus porras. De repente, por todos los Estados Unidos las personas comprendieron los verdaderos efectos de las políticas injustas e inhumanas. Sus sentimientos emocionales se exacerbaron positivamente, y no pasó mucho tiempo antes que el presidente y el congreso estuvieron seguros que la nación apoyaría fuertemente una ley sobre el derecho al voto.

Las personas no compran periódicos. Compran noticias. No son lentes lo que compran, sino una visión más clara. Las mujeres que gastan fuertes sumas de dinero en cosméticos sólo tratan de adquirir una apariencia mejor. Se han vendido millones de taladros, sin embargo, ni una sola persona ha querido uno. Han comprado huecos. Las guías sobre dietas no se venden porque se le dé publicidad a los males y a los riesgos del sobrepeso; se venden porque en ellas aparecen anuncios ilustrando cuán atractiva puede lucir una persona que baje algunas libras de peso. Los deportistas no pasan por la agonía de las prácticas y del entrenamiento para evitar perder una competencia; lo hacen para poder integrar el equipo y ganar. Apelar a una visión superior es sencillamente ayudar a los demás a convertirse no sólo en lo que son capaces de convertirse, sino también en lo que quieren convertirse.

Este método de motivación no es nuevo. El filósofo Lao-tse lo describió con lujo de detalles hace dos mil quinientos años: «Un líder es mejor cuando las personas apenas saben de su existencia; es bueno cuando lo obedecen y lo aclaman; es peor cuando lo desprecian. Pero de un buen líder, que habla poco, dirán cuando haya concluido su trabajo, cuando haya cumplido sus metas: Lo hicimos nosotros mismos.»

A comienzos del siglo veinte, Harry Gordon Selfridge, artífice de una de las tiendas por departamentos más grandes de Londres, se hizo eco de esta corriente filosófica. Selfridge, quien archivó éxitos al convertirse más bien en líder y no en jefe, dijo lo siguiente al referirse a dos tipos de ejecutivos:

El jefe impulsa a las personas; el líder las dirige.

El jefe depende de la autoridad; el líder de la buena voluntad.

El jefe dice «Yo»; el líder dice «Nosotros».

El jefe busca al culpable del fracaso; el líder busca solucionar el fracaso.

El jefe sabe cómo se hace; el líder muestra cómo hacerlo.

El jefe dice: «¡Vayan!» ; el líder dice: «¡Vamos!»

HAY QUE SABER CUÁNDO PARAR

La primera razón por la cual las personas salen perdiendo en una discusión no es porque estén equivocadas, sino porque no saben cuándo abandonar la discusión. Llega un momento en el que usted ha puesto en orden todas las cuestiones objetivas y emocionales a su favor y las ha expresado de la mejor manera posible. Si continúa insistiendo, sólo conseguirá crear resentimientos en la persona que está tratando de persuadir.

Zuke Berman pudo haber dicho muchas más cosas aquella noche en el Club de Suboficiales. Pudo haberse referido a la actitud de los jefes, enumerar los elementos del caso, hablar sobre nuestras sospechas de que todos los hombres que se encontraban en aquel recinto habían hecho las mismas cosas que se le incautaban a los culpables, o hubiese respondido a las preguntas del público. En realidad, no hizo nada de eso porque sabía, gracias a su brillante intuición, que expresar sus puntos de vistas debilitaría su posición.

Hay una gran dignidad en la simplicidad. La mayorías de las obras inmortales de la literatura no sólo ostentan la brillantez de la brevedad, sino también la dignidad de la simplicidad. El Padre nuestro consiste únicamente de setenta y tres palabras. La Declaración de Independencia, documento que revolucionó el pensamiento del Nuevo Mundo, puede ser leída por un alumno de cuarto grado en menos de cinco minutos. La simplicidad es sinónimo de elocuencia; ella habla con un tono alto y claro sin insultar la inteligencia del oyente.

TRATE SU TEMA CON ENTUSIASMO

En ocasiones habrá momentos en los que usted esté enfrentando un asunto sobre el cual sabe que tiene la razón; sin embargo, ninguna de sus técnicas de persuasión pueden hacer ceder a la oposición. ¡No pierda el entusiasmo! Jerome Michael, profesor de la Facultad de Derecho de Columbia, les enseña la siguiente técnica a sus alumnos: «Si los argumentos están de su parte, insista en ellos. Si la ley está de su lado, insista en la ley. Si no cuenta ni con los argumentos ni con la ley, entonces golpee sobre la mesa.» Un discurso pronunciado sin entusiasmo es como un paisaje pintado únicamente en tonalidades grises; tiene forma pero no tiene color. Muchas veces el entusiasmo por sí sólo consigue darle la ventaja que usted necesita.

Existe en Inglaterra un monumento dedicado al deporte del rugby, el predecesor del fútbol americano. La estatua muestra a un joven entu-siasta inclinándose hacia adelante para recoger una pelota. En la base del monumento aparece la siguiente inscripción: «Sin prestarle atención a las reglas, recogió la pelota y salió corriendo.»

Tanto la estatua como la inscripción están basadas en un hecho real. Se estaba celebrando un importante partido de rugby entre dos escuelas inglesas. En los minutos finales del encuentro, un joven que más que experiencia contaba en su haber con mucho entusiasmo y el espíritu de su escuela, fue llamado a jugar por primera vez. Olvidándose de todas las reglas, especialmente de las que dicen que ningún jugador puede tocar la pelota con sus manos, y sabiendo que la pelota tenía que pasar en cuestión de segundos por los postes de la portería si su escuela quería ganar, el muchacho tomó la pelota y, ante asombro de todos, se lanzó a la carrera de su vida en pos de la línea de gol.

Los jugadores y los árbitros, todos confundidos, quedaron petrificados en el lugar. Pero los espectadores se sintieron tan motivados por el espíritu de aquel muchacho, tan atraídos por su actuación, que se pusieron de pie y lo ovacionaron prolongadamente. Como resultado de aquello, nació un nuevo deporte: el fútbol americano. Y no surgió gracias a cambios en las reglas, o a argumentos cuidadosamente esgrimidos. Surgió gracias al error de un joven entusiasta.

PÓNGALO EN PRÁCTICA
Principios clave
• Persuadir significa emplear la dulzura para que las personas hagan las cosas.
• Una meta es un sueño con fecha tope.
• Las cinco c para motivar a las personas:
Consideración: ¿Cuál es la respuesta que se requiere?
Credibilidad: ¿Qué tengo que hacer para lograrla?
Contenido: ¿Qué tengo que decir para conseguirla?
Convicción: ¿Cómo tengo que decirlo?
Conclusión: ¿Qué pasos necesito dar?
• Motivamos mejor desde el punto de vista de las demás personas.
• Usted puede conseguir todo lo que quiere en la vida si ayuda a suficientes personas a obtener lo que ellas quieren.

Aplicación de estos principios
En mis relaciones con las demás personas, aplicaré los principios que aparecen en este capítulo de la siguiente forma:

1.
2.
3.

Para más información
Liderazgo que perdura, por John Haggai
Nos veremos en la cumbre, por Zig Ziglar

6.

CÓMO GANAR
EL RESPETO DE
LOS DEMÁS

Comprenda el valor de su carácter

El titular que apareció en la portada de la revista *Time* en su edición correspondiente al 25 de mayo de 1987, consta sólo de tres palabras: «¿Qué anda mal?» Quisiera presentarle dos de los párrafos del artículo principal de ese número, pues nos brinda una mirada impactante a la fibra moral de los Estados Unidos de hoy:

La hipocresía, la traición y la avaricia remueven el alma de la nación. Una vez más ha amanecido en los Estados Unidos. Pero esta mañana los financieros de Wall Street revisan con nerviosismo los diarios para comprobar si sus nombres aparecen vinculados a los escándalos comerciales internos. Los candidatos presidenciales observan detrás de las cortinas cerradas, para asegurarse de que no haya reporteros vigilando la vida privada de ellos. Un testigo del congreso, profundamente relacionado con la política exterior secreta de la administración de Ronald Reagan, se reúne con sus abogados antes de enfrentar a los inquisidores. Un cabildero de Washington, quien en otros tiempos desayunaba frecuentemente en el comedor de la Casa Blanca, analiza la investigación de la que está siendo objeto por parte de un fiscal independiente. En Quantico, estado de Virginia, los infantes de marina se preparan para el juicio de uno de sus compañeros ante un tribunal militar. En Palm Springs, estado de California, un equipo de predicadores de televisión constituido por un hombre y su esposa, otrora el centro de atención de medio millón de fieles, comienzan otro día de reclusión.

Esas son las imágenes matutinas en la primavera de 1987, marcada por los escándalos. Las lamentaciones flotan en el aire y pies de barro ensucian el suelo. . . Oliver North, Robert McFarlane, Michael Deaver, Ivan Boesky, Gary Hart, Clayton Lonetree, Jim y Tammy Bakker. . . Sus transgresiones —algunas muy graves y otras más leves— pasan por la gama de fracasos humanos, desde falta de carácter y el resquebrajamiento moral hasta la hipocresía y la avaricia desmedida. Pero vistas en conjunto, la descuidada ausencia de control en su comportamiento revela un elemento perturbador en cuanto al carácter de la nación. Los Estados Unidos, que tanto se enorgulleció de su renovación espiritual, se descubre a sí misma revolcándose en un pantano moral. La ética, palabra que en una oportunidad fuera calificada como un término remilgado de las escuelas dominicales, se encuentra ahora en el centro de un nuevo debate a nivel nacional. Para decirlo de forma más directa, ¿ha creado el materialismo sin sentido de los años ochenta un vacío en los ideales morales?

Lo sorprendente en cuanto a ese artículo es que apareció en una revista secular, no en una publicación cristiana. El mundo está llamando la atención hacia lo que yo considero el problema más grande de nuestra comunidad: la falta de moral y de ética. La comunidad cristiana enfrenta un increíble problema de credibilidad entre sus líderes. Si no logramos controlar esta situación y revertirla, la misma causará más daños a la Iglesia que ninguna otra cosa en este siglo.

Uno de los dos o tres libros renovadores que he leído en los últimos diez años es *The Man Who Could Not Do Wrong* [El hombre que no podía equivocarse] del doctor Charles Blair, un buen amigo, un cristiano maravilloso y pastor del Templo del Calvario en Denver, estado de Colorado. Participé en una conferencia en la cual el doctor Blair comentó con nosotros algo que posteriormente apareció en su libro.

Él era un pastor que inspiraba mucha confianza, un hombre de una tremenda visión, que quería hacer algo grande para Dios. Desafortunadamente, y sin saberlo, contrató a personas encargadas de recaudar fondos que no tenían las mismas normas éticas que él. Como resultado, se vio finalmente acusado y sancionado por fraude.

El doctor Blair cargó con toda la culpa del problema, porque fue él quien contrató a esos hombres y quien confió en sus métodos. Lo que convierte a ese libro en una obra muy conmovedora es que él, un destacado líder cristiano, admitió su error abiertamente.

El doctor Blair nos narra que era una persona amada por los miembros de su iglesia y respetada por la comunidad, y que había desarrollado un sentido de invulnerabilidad. Todo lo que decía y hacía le salía bien; tenía los dones del rey Midas. Después de oírlo hablar y de leer su libro, me sentí motivado a comprender la importancia de la credibilidad. Tuve la oportunidad de preguntarle sobre ese particular, y él mismo me respondió: «John, yo mismo me tendí una trampa al rodearme de personas y al creer en ellas implícitamente sin averiguar quiénes eran.»

Debió darse cuenta que algo andaba mal, pero el doctor Blair no había sentido la necesidad de estar sobre alerta. Ninguno de nosotros ha llegado al punto que no pueda equivocarse. Siempre debemos estar atentos y escuchar el son de alarma que suena para alertarnos que podemos estar al borde de un desastre inminente.

LOS LÍDERES Y LA CREDIBILIDAD

De la misma forma que cada líder cuenta con su fuerza, también tiene sus debilidades. Durante una visita a la catedral de Canterbury, no me quedó otro remedio que reírme de un graffitti que habían escrito en una de las paredes: «El arzobispo hace trampas cuando juega al *Scrabble* [juego de mesa en el cual se forman palabras con fichas con diferentes letras del alfabeto].» ¡Hasta el arzobispo tiene grietas en su armadura! Pero, ¿y acaso nosotros no las tenemos? Lo importante es que descubramos dónde están esas grietas para que podamos hacer algo al respecto.

Los líderes se encuentran en la primera línea de la batalla espiritual y son muy susceptibles a los ataques de Satanás. En ocasiones se cuentan entre sus primeras víctimas. Los líderes están expuestos a presiones y tentaciones que van más allá de las pruebas a las que nos sometemos todos. Las dificultades asaltan al imprudente y las trampas abundan hasta para los más experimentados. Satanás sabe que si consigue que el líder caiga, muchos de sus seguidores caerán junto con él. Los líderes tienen que tener un nivel de vida superior al de sus seguidores. Este es un principio bíblico que debemos tomar en cuenta constantemente. A los líderes se les juzga de modo diferente porque sus dones y sus responsabilidades son diferentes.

Fíjese en el siguiente triángulo. Muestra que los seguidores cuentan con muchas opciones

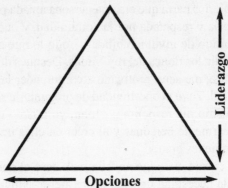

cuanto a cómo viven, cómo invierten su tiempo y las variantes por las que optan. Sin embargo, a medida que usted va subiendo en el triángulo, va adquiriendo responsabilidades y sus opciones se van reduciendo. Una vez en la cima, prácticamente no tiene opciones porque se ha convertido en el siervo-líder. Las opciones disminuyen en la medida en que la responsabilidad se incrementa.

La mayoría de las personas no comprenden este precepto. Muchos líderes viven sobre la base del principio de que mientras más influencia tengan, mayores serán las opciones y las variantes con que contarán. Comienzan a vivir como si estuvieran por encima de la ley. En Santiago 3:1 se subraya esta verdad: «Hermanos míos, no os hagáis maestros muchos de vosotros, sabiendo que recibiremos mayor condenación.» Y Jesucristo, en Lucas 12:48, también pronuncia el mismo principio: «Porque a todo aquel a quien se haya dado mucho, mucho se le demandará; y al que mucho se le haya confiado, más se le pedirá.»

Como líderes, tenemos que recordar que Dios nos ha entregado mucho; pero él también demanda mucho a cambio. No se nos juzga por los mismos patrones que al mundo. Podemos pecar de la misma forma que lo hace el mundo y, ciertamente, podemos recibir el perdón tal y como lo recibe el mundo; pero no resulta tan fácil regresar a nuestra posición como líderes una vez que hemos perdido la credibilidad ante los demás. Algunos líderes cristianos fracasados parecen no comprender, o no quieren comprender, la Palabra de Dios en su aplicación con respecto al perdón y el restablecimiento. Asumen la actitud de que, como le han pedido perdón a Dios, tienen todo el derecho de regresar a su posición y a sus privilegios. Pero todo ya *no es* como era antes.

Cuando caemos, tenemos que atravesar un período de prueba para mostrar nuestro sincero arrepentimiento, y luego podremos recuperar el preciado terreno de la credibilidad perdida. El liderazgo no es una posición que recibimos, sino una posición que nos ganamos demostrando nuestra fidelidad. Las posibilidades de fracasar abundan; pero se pueden evitar los errores si el líder está atento a las «señales de aviso» en su vida. Estoy convencido de que no tenemos por qué caer en los problemas. Si estamos alerta, podemos evitarlos. Aquí es donde subyace la clave del éxito: estar atento a las «señales de aviso». Las preguntas que aparecen a continuación pueden activar las señales de aviso en su propia vida. Analícelas cuidadosamente.

¿Estoy al día en mi relación con Dios?

Esta pregunta debe suscitar una respuesta rápida y positiva. De lo contrario, usted se está acercando demasiado al borde, demasiado a los problemas. Mi amigo Bill Klassen me pregunta cada vez que nos encontramos: «¿Has escuchado algo nuevo de parte del Señor?» o «¿Qué has aprendido últimamente del Señor?» Con esas preguntas, Bill no me está pidiendo que le dé una clase de historia, sino quiere que le diga lo que Dios me está enseñando hoy.

Usted descubrirá que los líderes eficientes son los que tienen disciplina en su vida cotidiana. Actuar disciplinadamente todos los días es la mejor protección con la que podemos contar para no pecar.

¿Por qué es eso muy esencial para su credibilidad personal? Porque la Palabra de Dios nos redarguye. El Salmo 119:11 dice: «En mi corazón he guardado tus dichos, para no pecar contra ti.» También nos ayuda a pensar igual que Dios. Llegamos a convertirnos en las cosas en las cuales pensamos. Si no le dedicamos tiempo a Dios, le dedicamos tiempo a aquello, sea lo que sea, que se ha convertido en algo más importante para nosotros. Cuando eso ocurre, muy pronto nos volvemos insensibles ante su espíritu y, por consiguiente, dejamos de tener la fuerza para resistir la tentación y batallar espiritualmente. Todo eso se reduce en un hecho simple: el pecado nos alejará de la Palabra, o la Palabra nos alejará del pecado.

Una persona íntegra es la que ha establecido un sistema de ideales mediante el cual juzga todo en la vida. Ese sistema de ideales es determinado por la comunión de una persona con Dios. En una oportunidad escuché a Billy Graham contar la historia de una familia de Carolina del Sur que fue de vacaciones a la ciudad de Nueva York. Esa familia le aseguró a todas sus amistades que iría a ver la obra *My Fair Lady* en Broadway. Desafortunadamente, todas las localidades estaban vendidas y no pudieron conseguir entradas. Se sentían desilusionados y avergonzados de tener que regresar a su casa y decirles a sus amigos que no habían podido cumplir la meta cumbre de su viaje. De manera que decidieron hacer lo mejor de la situación. Recogieron entradas desechadas, compraron un programa y adquirieron las grabaciones con la música de la obra. En la habitación del hotel donde estaban hospedados revisaron el programa y se aprendieron todas las canciones. Ya de regreso en casa, cantaban y silbaban las melodías de todos los éxitos musicales de *My Fair Lady* con la esperanza de que nadie sospechara que nunca habían visto la obra.

Cuando nosotros, como cristianos y como líderes, comenzamos a le-vantar una fachada, nos metemos en problemas. Cuando intentamos «hacer el cuento» sin «haberlo vivido,» estamos destinados al fracaso. Podemos evitar ese escollo si mantenemos una relación íntima con Dios.

¿Mantengo en orden mis prioridades?

Las prioridades tienden a salirse de su orden cuando no les prestamos la debida atención. Cantidades incalculables de líderes cristianos han tenido «éxito» tan sólo para descubrir que el trágico precio de ese éxito ha sido un matrimonio destruido o la pérdida de la salud. En algún punto del camino hacia el triunfo, sus prioridades variaron.

La primera prioridad de un cristiano debe ser su relación con Dios. Eso significa crecer continuamente en él, rendirle culto y amarlo, y serle obediente. Mantener cuidadosamente esa relación es la salvaguarda más segura contra el fracaso. Uno de mis pasajes favoritos lo encontramos en Juan 21:15, donde Jesús le pregunta a Simón

Pedro: «Simón, hijo de Jonás, ¿me amas más que éstos?» La pregunta que el Gran Pastor siempre desea que sea contestada no es: «¿Cuánto sabes acerca de mí?» ni «¿Cuánto le has contado al mundo acerca de mí?» La pregunta es: «¿Cuánto me amas?»

Nuestra segunda prioridad debe ser cumplir con nuestras responsabilidades familiares, y la tercera debe centrarse en nuestros compromisos profesionales o con el ministerio. En 1 Timoteo 5:8 Pablo nos dice: «Porque si alguno no provee para los suyos, y mayormente para los de su casa, ha negado la fe, y es peor que un incrédulo.»

Las Sagradas Escrituras nos ofrecen dos ilustraciones de líderes que causaron mucho daño en el reino de Dios porque no supieron mantener en orden a sus hijos. Ambos fueron jueces: Elí y Samuel. Siempre he pensado que como Elí y Samuel mantuvieron una relación de mentor a estudiante, la principal debilidad de Elí también se convirtió en la principal debilidad de Samuel. Eso es influenciar a un discípulo de forma negativa.

Veamos ahora 1 Samuel 3:11-13:

Y Jehová dijo a Samuel: He aquí haré yo una cosa en Israel, que a quien la oyere, le retiñirán ambos oídos. Aquel día yo cumpliré contra Elí todas las cosas que he dicho sobre su casa, desde el principio hasta el fin. Y les mostraré que yo juzgaré su casa para siempre, por la iniquidad que él sabe; porque sus hijos han blasfemado a Dios, y él no los ha estorbado.

Samuel fue un juez de mucho éxito. En 1 Samuel 3:19-20 se dice de él:

Y Samuel creció, y Jehová estaba con él, y no dejó caer a tierra ninguna de sus palabras. Y todo Israel, desde Dan hasta Beerseba, conoció que Samuel era fiel profeta de Jehová.

Sin embargo, Samuel vio que la nación que él amaba y dirigía se volvía contra los propósitos de Dios. Como el pueblo escogido por Dios, se suponía que los israelitas nunca tendrían un rey. Dios sería el rey de ellos. Pero como Samuel no consiguió criar a sus hijos en el temor al Señor, Israel rechazó las reglas de Dios. Leemos lo siguiente en 1 Samuel 8:1-5:

Aconteció que habiendo Samuel envejecido, puso a sus hijos por jueces sobre Israel. Y el nombre de su hijo primogénito fue Joel, y el nombre del segundo, Abías; y eran jueces en Beerseba. Pero no anduvieron los hijos por los caminos de su padre, antes se volvieron tras la avaricia, dejándose sobornar y pervirtiendo el derecho. Entonces todos los ancianos de Israel se juntaron, y vinieron a Ramá para ver a Samuel, y le dijeron: He aquí tú has envejecido, y tus hijos no andan en tus caminos; por tanto, constitúyenos ahora un rey que nos juzgue, como tienen todas las naciones.

Tales advertencias atinadas en la Palabra de Dios deben resaltar en nosotros la importancia de mantener nuestras prioridades en orden: Primero Dios; en segundo lugar nuestra familia; en tercer lugar nuestra profesión o ministerio. Sólo cuando la relación de un líder con Dios es correcta, y sólo cuando cumple las responsabilidades como miembro de una familia, puede un líder ser verdaderamente fiel en el ejercicio del ministerio que Dios le ha dado.

¿Me hago preguntas difíciles?

¿Cuáles son las preguntas más críticas? La primera es: *¿Por qué estoy haciendo esto?* ¿Por qué le dedico tiempo a este proyecto o a estas personas? ¿Cuáles son mis motivos? Si usted está haciendo el trabajo correcto por los motivos erróneos, no cuente con la bendición de Dios para sus proyectos.

La segunda pregunta es: *¿Cómo debe hacerse?* Eso tiene que ver con la suposición. El peligro de la suposición siempre está presente, especialmente para las personas que han sido llamadas a realizar un gran ministerio de fe. Moisés golpeó la roca en una ocasión para extraer agua de ella y, erróneamente, supuso que ese mismo sería el método que utilizaría Dios en ocasiones posteriores.

La tercera pregunta difícil es: *¿Cuándo debo, hacerlo?* Esta pregunta tiene que ver con el tiempo. ¿Cuándo quiere Dios que se haga lo que él pide? Los líderes agresivos tienden a adelantarse, tal y como hiciera Abraham cuando trató de acelerar la promesa que Dios le hiciera a Ismael. Tenemos la tendencia a esperar éxitos a corto plazo a expensas de la voluntad a largo plazo de Dios.

¿Rindo cuentas a alguien que tiene autoridad sobre mi vida?

En 1 Tesalonicenses 5:12-13, leemos lo siguiente: Os rogamos, hermanos, que reconozcáis a los que trabajan entre vosotros, y os presiden en el Señor, y os amonestan; y que los tengáis en mucha estima y amor por causa de su obra. Tened paz entre vosotros.

Usted puede tener paz cuando rinden cuentas a una persona con autoridad. Esa es una de las razones por las que creo en la iglesia local. Cada cristiano debe pertenecer a una congregación local y debe someterse a los que ejercen la autoridad. Constituye una práctica muy generalizada y poco saludable entre las organizaciones cristianas locales la de contar en sus juntas de dirección con miembros que no están vinculados a una iglesia local. Me daría mucho miedo seguir a alguien que no fuera responsable ante nadie. Sólo Dios puede tener *ese* tipo de poder y de autoridad.

Mi amigo Ron Jenson me dio una magnífica idea. Deténgase un momento y escriba el nombre de la persona a quien le rinde cuentas.

Ahora escriba en una hoja de papel las «cinco preguntas que quisiera que nunca nadie me hiciera». Haga cuatro preguntas que enfoquen sus debilidades y, acto seguido, busque la ayuda de un hermano o hermana en la fe a quien pueda rendirle cuentas en esas esferas. La quinta pregunta que tiene que responder es la siguiente: ¿He mentido acerca de alguna de las cuatro preguntas anteriores o con toda intención he dejado de mencionar algo?

Creo que una gran parte del problema de la credibilidad en la comunidad cristiana lo causan las personas que tienen autoridad, que luchan contra los mismos patrones rígidos de la moral que enfrenta el resto del mundo, pero que al mismo tiempo no responden ante nadie. La autoridad sin responsabilidad es igual a una situación muy peligrosa.

¿Estoy consciente de lo que Dios le dice a la Iglesia?

¿Está consciente de que Dios también les habla a otras personas? Si no es capaz de responder un sí incondicional, entonces está pisando te-rreno peligroso. En el debe y el haber de la integridad cristiana, el Espíritu les habla a otros miembros del Cuerpo de Cristo que nos complementa y llena el vacío dejado por nuestras debilidades.

Pablo ilustra este principio con suma belleza en 1 Corintios 12, cuando nos dice que un miembro del cuerpo no debe desdeñar a los demás. Todo lo contrario; más bien debemos complementamos los unos a los otros. Ninguno tiene una parte reservada de los dones de Dios. Hágase usted la siguiente pregunta: «¿Soy un líder que escucha o un líder que impone?» En 1 Pedro 5:2-3 se nos dice que no debemos dárnoslas de gran señor con los demás. Cuando nos interesa más decirles a las personas lo que tienen que hacer que escuchar acerca de lo que están haciendo, nos falta equilibrio.

¿Me preocupo demasiado por crear una imagen?

Me molesta la cantidad de profesionalismo y de roles a desempeñar dentro del ministerio. Muchos nos hemos interesado más en crear una imagen que en levantar el reino de Dios. La pretensión ha sustituido a la pasión en nuestras prédicas. Cómo tratamos las cuatro esferas a continuación, revelará nuestra autenticidad, tanto dentro de la iglesia como fuera de ella:

• *Carácter.* ¿Tomo decisiones basadas en lo que es correcto o en lo que resulta más fácil de aceptar? ¿Soy un líder o un seguidor?

• *Cambio.* ¿Cambio mi personalidad, mi discurso o mis acciones según las personas con las que me relaciono?

• *Crédito.* Cuando hago algo por el Señor, ¿las personas me ven a mí o a mi Dios? ¿Me preocupa quién recibe el reconocimiento?

• *Canal.* ¿Obra Dios a través de mi vida para llegar a los demás? Si otras vidas no están cambiando como resultado de la mía, eso es una muestra clara de que la imagen que estoy construyendo es la mía propia, no la de Dios. Sólo si usted es abierto, sincero, transparente y vulnerable con los demás, Dios podrá usarlo para transformarlos.

¿Me impresionan demasiado los prodigios y los milagros?

Todos buscamos la forma de tener avivamiento. Pero más que el avivamiento, necesitamos encontrar a Dios. Sólo entonces podremos experimentar avivamiento, prodigios y milagros. Pero si tan sólo nos interesa el avivamiento por el avivamiento en sí, quiere decir que estamos buscando resultados secundarios.

En Lucas 10:17-20, se nos habla sobre esto:

> Volvieron los setenta con gozo, diciendo: Señor, aun los demonios se nos sujetan en tu nombre. Y les dijo: Yo veía a Satanás caer del cielo como un rayo. He aquí os doy potestad de hollar serpientes y escorpiones, y sobre toda fuerza del enemigo, y nada os dañará. Pero no os regocijéis de que los espíritus se os sujetan, sino regocijaos de que vuestros nombres están escritos en los cielos.

Dios no está en el negocio del espectáculo. Cuando él hace milagros es sólo con un único propósito: el bien de su reino. Con mucha sabiduría, un pastor anciano le dijo en una oportunidad a uno más joven: «Dios puede hacer milagros por medio de cualquiera. Si hizo que el asno de Balaam hablara por un milagro, no te asombres si decide hacer algunos por medio de ti.»

Cuando Dios hace una gran obra por medio de usted, ¿eso lo humilla o enriquece su ego? El reconocimiento y la fascinación por la obra de Dios nunca debe opacar o sustituir nuestro deseo por la vida sagrada y por el carácter piadoso.

¿Soy un solitario en mi servicio al Señor?

En Hebreos 10:23-25, se nos reprende de la siguiente forma:

Mantengamos firme, sin fluctuar, la profesión de nuestra esperanza, porque fiel es el que prometió. Y considerémonos unos a otros para estimulamos al amor y a las buenas obras; no dejando de congregamos, como algunos tienen por costumbre, sino exhortándonos; y tanto más, cuanto veis que aquel día se acerca.

Nunca es saludable ser un «llanero solitario» en el culto o en nuestro ministerio. Dé participación a sus familiares y colegas. No sólo es más agradable compartir la alegría con los demás, sino que pertenecer a un equipo puede ofrecer un sistema de responsabilidad. Nunca olvidaré la primera vez que escuché al reverendo David Yonggi Cho. Se levantó frente a más de mil pastores en Nueva York y presentó a uno de sus amigos y miembro de su personal de trabajo. Después miró al público y dijo: «Traigo a mi amigo conmigo porque siento que soy susceptible a las tentaciones sexuales y él es mi salvaguarda.» Se hizo un silencio profundo; pero todos sabíamos lo que él quería decir. Él se hace acompañar porque no quiere tener problemas morales. Saca fuerzas de la presencia de un hermano.

Cuando diseñamos nuestra vida guiados por el concepto del «llanero solitario,» estamos destinados a sufrir varias consecuencias adversas. Desarrollamos una percepción distorsionada de nosotros mismos, de nuestro ministerio y de las demás personas. Estamos desequilibrados e incompletos sin la presencia de las demás personas que conforman el Cuerpo de Cristo y también nos hacen falta sus dones espirituales. Nos convertimos en seres insignificantes porque no vivimos donde viven los demás. Hay un sentido de exclusividad y una incapacidad para relacionarse con el mundo real.

¿Reconozco cuáles son mis debilidades?

Guerra avisada no mata soldado. Quizás debamos hacemos una pregunta mucho más importante: *¿Soy sincero en cuanto a mis debilidades?* La mayoría sabemos cuáles son nuestras deficiencias, pero tenemos la tendencia a tratar de encubrirlas.

Deténgase por un momento ahora mismo y considere las debilidades que pudieran hacer de usted una persona aislada en su vida. Percátese, además, que esas son las mismas debilidades en las que será tentado. ¿Se siente tentado usted por determinadas oportunidades simplemente porque pueden gratificar su ego? ¿Exige mucho de los demás y no lo suficiente de usted mismo? ¿Con facilidad queda herido en sus sentimientos?

Además de ser muy adicto al chocolate, me cuesta trabajo mantener mi programa de trabajo dentro de los límites de la resistencia humana. Cuando me doy el lujo de sobreextenderme en mis actividades, eso siempre acarrea un efecto negativo en los que me rodean. Percatándome de que se trata de una debilidad personal, he establecido patrones que me permitan mantener mis prioridades. En primer lugar, cualquier actividad fuera de programa debe reunir determinadas características que yo mismo he impuesto. En segundo lugar, he establecido un comité integrado por tres personas para que revisen mi agenda de trabajo. Recuerdo, sin embargo, que el primer paso que di para vencer esa debilidad fue que yo mismo admití que existía un problema.

¿Tengo siempre presente mi compromiso?

Eso es sumamente importante si Dios lo ha llamado a ocupar un cargo en el liderazgo cristiano.

En 1 Corintios 7:24, Pablo nos dice: «Cada uno, hermanos, en el estado en que fue llamado, así permanezca para con Dios.» Recuerde que cuando Pablo compareció ante el rey Agripa, dijo: «No fui rebelde a la visión celestial.» Pablo pudo haber estado tentado a desistir, a aceptar otras opciones, o a ceder ante la persecución; pero lo que lo mantuvo firme en su propósito fue la visión que Dios le había dado.

Constantemente, el mundo nos lanza oportunidades que pueden alejarnos del llamado de Dios. No existe nada más terrible que cuando un líder cristiano pierde la unción de Dios en su vida, permitiéndose el lujo de desviarse. No existe violación más grande a la confianza de Dios. Porque cuando un líder tropieza, los demás se caen.

En muchas ocasiones Dios me ha ayudado a resistir las tentaciones, porque me he detenido y he valorado el daño que les haría a los demás si cediera a la tentación.

Crecí en una iglesia donde el pastor estaba haciendo una encomiable labor para Dios; pero pecó moralmente. Han transcurrido veinte años y aún la iglesia continúa tambaleándose por los efectos de aquella caída moral. No cabe duda de que aquel hombre recibió el perdón de Dios; pero pasará el resto de su vida preguntándose lo que hubiera logrado hacer para Dios de no haber caído en desgracia. Es mejor no hacerlo, que hacerlo y lamentarse de haberlo hecho.

En una ocasión escuché a Cavett Roberts decir lo siguiente, con su habitual retórica estimulante: «Si mi gente me comprende, me prestarán atención. Pero si mi gente confía en mí, pondrá manos a la obra.» Las personas responden más rápida y eficazmente cuando el líder tiene credibilidad. Si Dios puede confiar en usted, otros también podrán hacerlo.

PÓNGALO EN PRÁCTICA
Principios clave
• Los líderes tienen que vivir a un nivel superior al de sus seguidores.
• El liderazgo no es una posición que uno recibe. Es una posición que uno se gana mostrando fidelidad.
• Una persona íntegra tiene un sistema de ideales por el cual juzga todo en la vida.
• La autoridad menos responsabilidad es igual a una situación muy peligrosa.
• Si diseñamos nuestra vida según el concepto del «llanero solitario», vamos a sufrir consecuencias adversas.
• Cuando el líder tropieza, los demás también caen.

Aplicación de estos principios
En mis relaciones con las demás personas, aplicaré los principios que aparecen en este capítulo de la siguiente forma:

1.
2.
3.

Para más información
The Other Side of Leadership, Eugene B. Habecker
The Man Who Could Do No Wrong, Charles Blair

7.

SEA ALGUIEN QUE ALIENTA A LOS DEMÁS

Utilice sus habilidades para inspirar a los demás
a alcanzar niveles de excelencia

La clave del que alienta a lo demás es conocer lo que les infunde valor a las personas, lo que las incita a la acción. Muchos de nosotros sentimos placer en desalentar a los demás señalando sus errores y emocionándonos con sus fracasos en lugar de concentrarnos en sus puntos fuertes y emocionarnos ante sus posibilidades.

En este capítulo quiero referirme en particular en las relaciones de trabajo. En la fuerza laboral, los gerentes exitosos han aprendido el tremendo valor del incentivo. Ese es el más importante principio de la administración. ¿Por qué? Porque permite obtener el tipo de comportamiento que uno luego recompensa. Usted no obtiene lo que espera, pide, desea o suplica, sino obtiene lo que recompensa.

Está claro que en la vida las personas dedican más tiempo a hacer lo que consideran que les reportará mayores beneficios. Si no se benefician de alguna forma por hacer lo correcto, entonces buscarán otros caminos que las conduzcan hacia la realización personal. Eso puede traer como resultado un comportamiento destructivo. Resulta sencillo alentar a los demás; pero también puede ejercer un tremendo impacto en la vida de alguien.

Cuando pensamos en el éxito organizativo, generalmente lo expresamos en términos de dinero, estadísticas, hechos y cifras. Pero los datos y las gráficas no son más que meros símbolos que representan el comportamiento colectivo de los seres humanos. Recompense a las personas por mantener un comportamiento adecuado, y obtendrá así resultados adecuados; deje de recompensar el comportamiento adecuado y probablemente obtendrá malos resultados.

Las personas se sienten alentadas a seguir el comportamiento que les garantiza recompensas. Un verano, estando en casa, probamos este principios con nuestros hijos. Establecimos formas para que los niños ganaran puntos por méritos que se revertirían después en dinero. Ganaban puntos por actividades positivas, como leer la Biblia, memorizar textos de la Biblia, lectura general, practicar el piano, mantener limpia la habitación, y cosas por el estilo. Algunas tareas concedían más puntos que otras.

Una noche abrí la puerta de la casa y Joel vino corriendo hacia mí con la noticia de que hasta el momento había acumulado ciento trece puntos. No me dijo: «¿Cómo estás, papá? ¿Cómo te fue hoy? ¡Qué bueno verte!» Su saludo me dio a entender que estaba emocionado ante la posibilidad del éxito.

Comportamiento que se recompensa, es comportamiento que seguirá existiendo. Este concepto es aplicable al ama de casa, al pastor de una iglesia, o al dirigente de una organización. Sondeos realizados en los centros laborales revelan que los trabajadores norteamericanos no están dando todo de sí; sólo están ofreciendo la mitad de sus esfuerzos en sus puestos de trabajo. Sin embargo, la ética laboral norteamericana continúa en pie. Si los trabajadores estadounidenses creen en el valor y en la importancia de trabajar duro, entonces, ¿por qué no están dispuestos a entregar lo mejor de sí? La respuesta tal vez tenga que ver con el sistema remunerativo. ¿Se les está alentando con los incentivos correctos? Me parece que las personas no hacen su mayor esfuerzo cuando ven poca o ninguna relación entre lo que hacen y lo que obtienen a cambio.

RECOMPENSAS EN ACCIÓN

Un Día del Padre nuestra familia fue a comer a un restaurante. Desafortunadamente, todo San Diego había escogido ese mismo restaurante aquel día. Aunque teníamos reservación, había una cola inmensa de personas esperando para ocupar las mesas. En la mesa de reservaciones había tres dependientes rodeadas por una multitud de personas descontentas. Los estómagos de esas personas gritaban de hambre y ello se reflejaba en sus rostros nada sonrientes.

Tras observar la escena durante algunos minutos, me acerqué al mostrador y dije:

—Señoritas, tengo una reservación; pero veo que hay muchas personas aquí y que ustedes están presionadas. Tenemos un grupo bastante grande, pero queremos ayudarlas. Díganme qué podemos hacer para facilitarles las cosas. ¿Quieren que nos dividamos y que nos sentemos por separado?

Una de las dependientes alzó la vista, me sonrió y me dijo que efectivamente sería mejor que nos dividiéramos.

—No me voy a quedar parado aquí junto al mostrador —añadí luego—, porque ya hay demasiadas personas presionándolas. Nos vamos a apartar hacia ese lado, y cualquier cosa que necesiten sólo tienen que hacerme una señal.

Cada vez que la dependiente pasaba por nuestro lado, le preguntaba cómo le iba y si podía ayudarla en algo. Transcurridos veinte minutos ya estábamos sentados a nuestra mesa. Recompensamos a la persona que nos ayudó. Tras finalizar nuestra comida, me acerqué nuevamente a las tres mujeres y les dije:

—Sé lo que va a pasar. El gerente va a recibir muchas quejas porque escuché que había muchas personas descontentas.

Les di mi nombre y mi teléfono, y les dije además que le dijeran a su gerente que me llamara en caso de que recibiera las quejas. Les aseguré que le contaría el tremendo trabajo que ellas habían realizado. Las tres sonrieron y se sintieron aliviadas. Habían sido recompensadas por un trabajo bien hecho.

Una vez que comprendemos el principio, tenemos que determinar qué tipo de comportamiento es merecedor de recompensa y de aliento. Busque soluciones duraderas a sus problemas; los remiendos rápidos y a corto plazo no son duraderos. Recompense a las personas y a los programas a largo plazo que han resultado ser productivos. En cierta ocasión en una conferencia le pregunté al público lo que significaba la palabra éxito para ellos. Uno de los asistentes dijo simplemente: «Éxito significa durar.» Tenía mucha razón. Valore lo que funciona y lo que lo puede llevar lejos. Igualmente, identifique los factores que desempeñan mayor importancia en el éxito a largo plazo de su equipo de trabajo y comuníqueselos a los integrantes.

Josh McDowell dijo una vez en una conferencia celebrada en nuestra iglesia: «Mientras más años llevo en este ministerio y cuanto más viajo y veo ocurrir más cosas, más respeto y reconocimiento siento por las cosas a largo plazo.» Eso es tener una gran perspicacia. Salga en busca de la calidad, no de los arreglos rápidos.

CUALIDADES QUE DEBEN SER RECOMPENSADAS

Como pastor principal que dirige un personal múltiple, busco y recompenso algunas cualidades que considero muy importantes en los integrantes de mi equipo de trabajo. Esas cosas las espero de cualquiera, ya sea un pastor, una secretaria, un custodio o un interno. La *actitud positiva* es la cualidad que encabeza la lista. Por más inteligente o dotada que sea una persona, si su actitud no es la correcta, eso afecta a todo el equipo. La *lealtad* a la iglesia, al pastor y a los demás, constituye otra cualidad crucial. Los miembros del equipo de trabajo también son recompensados por su *desarrollo personal,* pues en la medida en que desarrollan ellos, también se desarrolla el ministerio. Cada uno de los miembros del personal pastoral debe reproducir su propia vida en otra persona con aptitudes para recibir adiestramiento en la esfera del liderazgo. La *habilidad creadora* es otra cualidad que es galardonada. Queremos contar con un personal de trabajo que pueda hacer las preguntas precisas y que al mismo tiempo pueda encontrar respuestas y soluciones hábiles.

Otro comportamiento que aliento en los demás es el de *arriesgarse* y el de no *evitar los riesgos.* «Seguridad primero» puede ser la consigna de las masas, pero no es la palabra de orden de los líderes. Nada puede obtenerse sin que exista la posibilidad de perder algo. A Steven Jobs, cofundador de la brillante y exitosa compañía *Apple Computer,* le preguntaron en una ocasión cómo había conseguido crear una nueva firma tan floreciente. Esta fue su respuesta: «Contratamos a personas magníficas, y creamos un ambiente en el que esas personas puedan cometer errores y desarrollarse.»

Los líderes necesitan alentar la *habilidad creadora aplicada* en lugar de la conformidad sin sentido. El atributo más importante de una organización no son sus edificios, ni sus tierras, ni sus propiedades. Son las mentes creadoras dentro de esa organización.

Para ilustrarlo: El empleado de una compañía se quejó sobre el estilo de trabajo de otro trabajador. Dijo que cuando el otro no estaba casualmente merodeando de un lado al otro, estaba sentado en su oficina, con los pies encima del escritorio, mirando por la ventana. El comportamiento relajado de su colega significaba, según él, una pérdida de dinero para la compañía. Con relación a su preocupación, el gerente le respondió: «La última de sus ideas reportó una ganancia de dos millones de dólares para la compañía. Si todos los años se nos acercara con una idea como esa, entonces vale la pena pagarle su salario.»

Ahora bien, con esto no estoy defendiendo la holgazanería; pero no es menos cierto que en ocasiones las mentes hábiles son incomprendidas y criticadas. Sin embargo, si se alienta a alguien para que desarrolle su habilidad creadora dentro de una moderación racional preconcebida, entonces la compañía obtendrá dividendos favorables. El éxito está en las manos de los que ofrecen las soluciones.

Decídase a alentar lo que yo denomino *acción decisiva* en lugar de la parálisis por análisis. Un pastor quería ponerle fin a un ministerio decadente en su iglesia, pero estaba preocupado por un pequeño grupo de personas que querían mantenerlo. Un amigo le sugirió: «Llévalo al comité. Ahí seguramente lo eliminarán.» El propósito de cualquier organización es obtener resultados, y para eso se requiere de acción, y no introspecciones y reuniones interminables. Una vez que se hayan efectuado las consultas y que se hayan entregado los informes, es hora de tomar una decisión.

Un ejecutivo resumió maravillosamente la importancia de tener decisión: «Mirar es una cosa. Ver lo que uno mira es otra. Comprender lo que uno ve es una tercera cosa. Aprender de lo que uno comprende es aun otra cosa. Pero decidir debido a lo que se ha aprendido es lo que importa realmente.»

Aliente a su gente a que trabaje con más inteligencia, y no más duro. Si sus prioridades son las correctas, si usted está trabajando de manera inteligente, sus resultados serán fructíferos. El éxito no lo determinan la cantidad de horas que usted dedica, sino cómo dedica sus horas. El comediante Woody Allen dijo en una oportunidad que llegar al lugar de trabajo representa el ochenta por ciento de la vida. Muchos empleados se comportan como si llegar al trabajo y estar ocupado representara el cien por ciento del trabajo. Desafortunadamente, a la mayoría no se nos recompensa por alcanzar metas específicas que contribuyen a un buen rendimiento.

La clave para trabajar inteligentemente es conocer la diferencia entre el movimiento y la dirección. A fin de cuentas, los resultados son los que importan, no la asistencia ni la actividad.

Aliente la simplificación en lugar de la complicación sin sentido. Encuentre y elimine lo que resulta innecesario. Eliminar lo que está por demás generará un aumento en la eficiencia, que posteriormente se revertirá en un incremento de la producción.

Aprenda a no prestarle atención a «los ejes que suenan» y aliente el surgimiento de productores eficientes que no hacen mucho alarde. En no pocas ocasiones nos regimos por el principio de la rueda que suena. Aquel que grita más que nadie y durante más tiempo es a quien se le presta atención. Lo que necesitamos hacer es buscar y alentar a las personas que son eficientes en la realización de una determinada tarea y que lo hacen calladamente. Usted quedará sorprendido de ver lo rápido que se les sumarán «las ruedas que suenan».

Considere la siguiente anatomía esquelética de una organización:

La *espoleta* desea que sea otro el que haga el trabajo.

Los *huesos de las mandíbulas* hablan mucho pero hacen poco.

Los *huesos de los nudillos* tocan lo que los demás hacen.

La *columna vertebral* es la que realmente hace el trabajo.

Aliente y recompense el trabajo de calidad en lugar del trabajo rápido y mediocre. El producto necesita ser algo de lo que se enorgullezca la organización y que refleje la calidad de la misma. Existen recompensas más grandes para el trabajo de calidad, como costos más bajos, rendimientos más altos y el orgullo de los trabajadores. ¿Sabía usted que el auto norteamericano tiene un veinticinco por ciento de factor de costo integrado debido a los trabajos que tienen que volverse a realizar posteriormente en la línea de producción como consecuencia del mal trabajo hecho la primera vez?

No se puede permitir que el carisma personal sustituya la tenacidad en el trabajo. La firmeza debe reconocerse y premiarse. Una vez más, mire a la persona que es imprescindible y responsable a la larga. Existen muchos que nos pueden hacer sonreír y reír, pero nunca ayudarnos a terminar el producto. Apréndase la diferencia y aliente al que sabe producir.

Reconozca y recompense a los que trabajan bien en equipo. Esta es una premisa de la administración porque ninguno de nosotros es más inteligente que todos juntos. El trabajo creador en equipo encierra un gran valor.

LAS DIEZ PRINCIPALES RECOMPENSAS

Echemos un vistazo a las diez mejores formas de recompensar un buen trabajo. Cuando premiamos a las personas con algo que es significativo para ellas, las alentamos e incrementamos su valor y sus méritos personales.

1. *El dinero.* El dinero sí lo puede todo. Le dice a un individuo cuán valioso es para quienquiera que le paga el salario. Pague por gestión de administración y tendrá líderes. Pague con maní y tendrá monos. ¿Ha oído hablar del gerente de vestuario que puso a la venta miles de camisetas deportivas que decían: «El dinero no lo es todo»? ¡Terminó en bancarrota!

—¿Cómo puedo mostrarle mi agradecimiento? —le preguntó una vez una mujer a Clarence Darrow, después que este la sacara de un problema legal.

—Mi estimada señora —le respondió Darrow—, desde que los fenicios inventaron el dinero, sólo ha existido una respuesta para esa pregunta.

No, el dinero no es la única forma de mostrar agradecimiento por un trabajo bien realizado; pero sin duda es una de las mejores.

2. *Reconocimiento.* Las personas necesitan reconocimiento constante de manera que puedan saber que están llenando una necesidad y, además, haciéndolo bien. Lawrence Peters dice que hay dos tipos de egoístas: los que admiten serlo, y todos los demás.

3. *Tiempo libre.* Si alguien ha trabajado durante muchas horas en un proyecto determinado, concédale la tarde o un día libre, dándole merecidas gracias cuando se marche para su casa.

4. *Una parte de la acción.* No todos tenemos la oportunidad de participar en los beneficios de una compañía, pero sí podemos recibir otras responsabilidades por un trabajo bien realizado.

5. *El trabajo favorito.* Recompense el buen trabajo asignándoles a las personas las tareas que más les gusta realizar. Descubra qué es lo que más les gusta hacer y déles esas tareas.

6. *Promoción.* Permita que sólo los que verdaderamente producen, y no sus trabajadores, sean promovidos y ascendidos. Este es un principio bíblico que aparece ilustrado en la parábola de los talentos.

7. *Libertad.* Concédeles a los productores autonomía para reali-

zar sus trabajos de la forma en que ellos se sientan más cómodos. No los sofoque tratando de insertarlos en su propio molde.

8. *Oportunidades de desarrollo personal.* Recompense a su personal con la oportunidad de recibir una educación profesional posterior. Facilíteles libros, asistencia a conferencias, grabaciones y conferencistas que abran sus horizontes.

9. *Tiempo de compartir juntos.* Si usted es el líder, el jefe o el pastor, dedique tiempo para compartir en una comida con el propósito de reafirmar la productividad de alguna persona.

10. *Regalos.* Dedicar tiempo a buscar un regalo significativo le demuestra a una persona productiva que usted valora su trabajo.

El dinero y el reconocimiento son las dos recompensas más poderosas. Casi todo el mundo responde a los halagos y a los aumentos salariales.

Al fin de cuentas, alentar a otros es la clave para contribuir a que los demás tengan éxito. La capacidad de alentar es y será siempre más que una ciencia, un arte. El éxito de usted depende tanto de su sensibilidad como de su habilidad. Para emplear una analogía, yo sólo puedo entregarle un lienzo, un pincel, un caballete, una paleta de colores y darle algunas lecciones. Hacer la obra maestra depende de usted. Tiene que saber cómo diseñar el cuadro y mezclar los colores para conseguir el efecto deseado. Lo mismo ocurre con las personas. Si usted es el líder, puede reunir a un grupo de personas sumamente preparadas, pero eso por sí sólo no le garantizará el éxito. Tiene que saber cómo mejorar sus defectos e incrementar sus bienes mediante el empleo hábil y sencillo del aliento.

PÓNGALO EN PRÁCTICA
Principios clave
• El aliento es la clave que le permite contribuir para que los demás tengan éxito. La capacidad de alentar es y será siempre más que una ciencia, un arte. El éxito depende tanto de su sensibilidad como de su habilidad.
• La clave de animar a otros es conocer lo que les da valor a las personas, lo que las incita a la acción.
• Es hecho comprobado que en la vida las personas le dedican más tiempo a hacer las cosas que consideran que les reportará mayores beneficios.
• Recompense a las personas por mantener un comportamiento adecuado y tendrá con eso buenos resultados. Deje de recompensar el comportamiento adecuado, y posiblemente tendrá malos resultados.
• Las personas no hacen su mayor esfuerzo cuando ven poca o ninguna relación entre lo que hacen y la forma en que son recompensadas.

Aplicación de estos principios
En mis relaciones con las demás personas, aplicaré los principios que aparecen en este capítulo de la siguiente forma:

1.
2.
3.

Para más información
Encouraging People, Donald Bubna
Top Performance, Zig Ziglar

8

CÓMO AMAR A LAS PERSONAS DE CARÁCTER DIFÍCIL

Comprenda y ayude a quienes tienen personalidades complejas

Las ranas tienen una enorme ventaja sobre los seres humanos. Pueden comerse cual quier cosa que las moleste. Qué maravilloso sería que pudiéramos consumir nuestros problemas relacionales en lugar de que estos nos consuman. ¿Qué es lo que más le molesta de las personas? ¿La inconsistencia? ¿La inflexibilidad? ¿La incapacidad de dar y recibir? Lo que más me molesta son las personas que —lo adivinó— tienen malas actitudes. Puedo enfrentar desacuerdos o diferencias de criterio, pero las actitudes negativas, esas sí que me afectan.

Descubro que muchos cristianos tienen sentimientos de culpa en sus relaciones con los demás. A los cristianos se nos enseña con frecuencia que debemos ejercer mucha gracia. ¿Qué significa eso? ¿Espera Dios que nos llevemos amigablemente *con todo el mundo*? ¿Tenemos que ser nosotros los que siempre demos «la otra mejilla»? ¿Debemos simplemente pasar por alto las faltas y las idiosincrasias de las demás personas? Mantener buenas relaciones con personas difíciles puede parecer algo imposible de alcanzar. ¿Qué se supone que hagamos?

El apóstol Pablo nos brinda un consejo práctico: «Si es posible, en cuanto dependa de vosotros, estad en paz con todos los hombres» (Romanos 12: 18). Me gustaría parafrasear ese versículo: «Haga o lo que pueda por llevarse bien con todo el mundo.» Sin mbargo, tenga en cuenta que de vez en cuando tendrá relaciones con personas de carácter difícil y no alcanzará ese ideal. Ahora mismo, imagínese a alguien con quien no mantiene una relación ideal. Mientras continúe leyendo, quiero que constantemente mantenga a esa persona en su mente. Confío que al leer sobre algunas características y soluciones, eso lo ayude de manera hábil a enfrentar la situación y a poder sobreponerse a ella.

Una evaluación personal de las "Tres P" lo ayudará a determinar su parte de culpa en alguna relación o asociación difícil.

- *Perspectiva.* ¿Cómo me veo a mí mismo? ¿Cómo veo a los demás? ¿Cómo me ven los demás? Nuestra perspectiva determina cuánto pueden desarrollarse nuestras relaciones.
- *Proceso.* ¿Comprendo las etapas de una relación? ¿Soy capaz de percatarme de que hay etapas en las relaciones que son más cruciales que otras?
- *Problemas.* Cuando enfrento dificultades en una relación, ¿cómo las manejo?

Muéstreme una persona que se ve a sí misma a través de un prisma negativo, y le mostraré a una persona que ve a los demás a través de un prisma negativo. Lo opuesto también es cierto. Una persona que se ve a sí misma de manera positiva, también busca el lado bueno de los demás. Todo depende de la perspectiva de cada uno.

Algunas personas ven las relaciones como una serie de incidentes aislados, y uno solo de esos incidentes puede acabar con la relación. Las personas que piensan de esa forma nunca consiguen desarrollar relaciones profundas. Sus amistades son precarias, de relaciones con constantes altas y bajas. Esas personas huyen cada vez que tropiezan con una situación difícil. Casi nunca, si es que alguna vez ocurre, desarrollan relaciones de muchos años.

PERSPECTIVA Y RELACIONES

Veamos primero la perspectiva. Yo actúo según me veo. De hecho, es imposible comportarse siempre de una manera que nada tiene que ver con la forma en que nos vemos. Comprensiblemente, esa es la causa de muchos problemas matrimoniales. Justamente el otro día me encontré con un hombre descontento y con su irritada esposa. Escuché cómo aquella mujer, de forma despiadada, despedía por sus labios amargura y animosidad contra su esposo. Cuando la confronté a su propio enfado y a su espíritu implacable, señaló a su esposo frenéticamente y dijo: «Yo no soy la que está amargada y molesta, sino él.» Le pasó sus sentimientos negativos a él. Vio a su esposo tal y como era ella.

Sólo cuando nos vemos a nosotros mismos con una visión perfecta de 20/20, es que podremos ver con claridad a las demás personas. La perspectiva es algo crucial. Es por eso que Jesucristo dijo sobre el juzgar a los demás: ¿O cómo dirás a tu hermano: Déjame sacar la paja de tu ojo, y he aquí la viga en el ojo tuyo. ¡Hipócrita! saca primero la viga de tu propio ojo, y entonces verás bien para sacar la paja del ojo de tu hermano. Mateo 7:4-5

Aquí nos dice que primero tenemos que encarar nuestras propias actitudes antes de criticar a otra persona. En Mateo 22:39, leemos el mandamiento de Jesucristo cuando dice: «Amarás a tu prójimo como a ti mismo.» Él sabía que si realmente nos amamos a nosotros mismos, también amaremos a nuestro prójimo. También sabía que antes de que podamos amar al prójimo, necesitamos amarnos a nosotros mismos, no con un amor egoísta, sino con el reconocimiento profundo de lo que somos en Cristo. Mayormente nuestros problemas en las relaciones se derivan de que tenemos problemas o situaciones que no han sido resueltas. Resulta imposible tratar el dolor de otra persona sin que antes hayamos descubierto la cura y aceptado el tratamiento nosotros mismos.

La parábola del buen samaritano que aparece en Lucas 10:30-37, ilustra este principio. Los ladrones que golpearon al viajero se aprovecharon de una persona. Le robaron al viajero y lo vieron como una víctima a quien explotar. El sacerdote y el levita actuaron legalmente y pasaron de largo. Vieron en aquella víctima golpeada y saqueada, un problema que debía evitarse, porque pensaban que si tocaban a un hombre muerto, no estarían limpios conforme a la ley. El buen samaritano era un proscrito social: despreciado, ignorado y rechazado por la sociedad. Sabía muy bien lo que era que las demás personas pasaran de largo junto a uno, o que no se interesaran por alguien; pero también había conocido la cura. Cuando vio a esa víctima, fue capaz de sentir compasión por ella. Vio al hombre herido como una persona necesitada de amor, identificándose así con el problema del viajero y ofreciéndole solución.

Recientemente leí un interesante artículo escrito por Jacques Weisel sobre los millonarios que han hecho fortuna sin ayuda de nadie. Se entrevistaron a unos cien empresarios con el propósito de buscar un denominador común que los uniera. Las entrevistas revelaron que esos hombres y esas mujeres de éxito sólo veían el bien en las personas. Lejos de criticar a las personas, las ayudaban. Una vez más vemos que es la perspectiva la que ayuda a crear las relaciones.

Cuando usted se da cuenta de que las personas lo tratan según se ven a sí mismas, en lugar de cómo es usted en realidad, está menos propenso a sentirse afectado por el comportamiento de estas. Su propia imagen reflejará quién es usted, no cómo los demás lo tratan. No estará montando en una montaña rusa de emociones. Ese tipo de estabilidad tendrá un enorme efecto sobre cómo usted se siente y cómo trata de los demás.

La clave para lograr relaciones exitosas se reduce concretamente al factor responsabilidad. Yo soy responsable de la manera como trato a los demás. No puedo responsabilizarme por la forma en que me tratan; pero sí soy responsable de mis reacciones hacia las personas de carácter difícil. No puedo escoger la forma en que usted me va a tratar; pero sí puedo elegir cómo reaccionaré.

COMPRENDA LAS DIFERENTES PERSONALIDADES

Existen varios tipos de personas de carácter difícil, y resulta provechoso identificar sus características comunes con el propósito de aprender a tratarlas de una forma más eficaz. Mientras revisamos esas características, recuerde que usted puede elegir cómo reaccionar a cada una de ellas.

El efecto de las relaciones difíciles —ya sea para unirnos o para separamos— está determinado no por el tratamiento que recibimos, sino por la forma en que respondemos a tal efecto.

Echemos un vistazo a la personalidad tipo «tanque Sherman». El nombre por sí solo invita a pensar en una persona que le pasa por encima a todo o a cualquier cosa que se interponga en su camino. Esas personas tienden a intimidar a los demás porque siempre piensan que tienen la razón y que los otros están equivocados. Intimidan mediante la fuerza y el poder. El comportamiento de esas personas es agresivo e incluso hostil. Debido a la insensibilidad del «tanque Sherman,» las demás personas tienden a luchar contra ellas. Es difícil sentarse a razonar o a racionalizar con los «tanques».

Pero no pierda la esperanza. Existe una estrategia para enfrentar a los tanques Sherman que hay en esta vida. Ante todo, considere la influencia de la persona, así como el asunto que esté en juego. ¿Qué importancia reviste el tema que se está discutiendo, y a cuántas personas está influenciando el «tanque»? Si el asunto en cuestión pudiera ejercer un efecto negativo directo sobre otras personas dentro del marco de la organización, posiblemente valdrá la pena presentar batalla. Pero si se trata de una cuestión insignificante o una cuestión de orgullo, no vale la pena combatir. Sin embargo, cuando se presentan temas cruciales, usted tiene que hacerle frente a esa personalidad. Es cierto que no hay manera fácil de tratar con esas personas. Sea directo, porque posiblemente no comprenden un trato con tacto. Mire a esa persona frente a frente y confronte con ella el tema en debate. Desafortunadamente, los «tanques» causan más penas que ningún otro tipo de personalidad difícil, porque ellos mismos no sienten mucho dolor. Como resultado, pueden darse el lujo de no razonar. Un elemento más que podemos sumar al problema de tener que enfrentar a esas personas estriba en que con el poder que tienen para intimidar, pueden sumarse muchos aliados.

Otro tipo de personalidad difícil con la que todos entramos en contacto son los «cadetes espaciales». Esas personas viven en su propio mundo, marchando al ritmo de otro tambor. Generalmente, no responden a las técnicas normales de motivación. La frustración es el sentimiento dominante que experimento cuando trabajo con ese tipo de personas. He aprendido que cuando uno trabaja con o le habla a un grupo numeroso de personas, no debe sentirse fuertemente influenciado por las respuestas de los cadetes espaciales. Probablemente, a las personas que usted conoce que pueden entrar en esta categoría las ha catalogado de «raras».

Considere las siguientes directivas a la hora de trabajar con un «cadete espacial»:

• No evalúe su liderazgo por las respuestas del cadete espacial. De hecho, no se preocupe por preguntarle su opinión respecto a algo porque recibirá una respuesta inusual. Los cadetes espaciales no son buenos portavoces.

• Colocar a un cadete espacial en un puesto de trabajo en equipo no es una buena idea. Cuando usted necesita que un grupo de personas aúne sus esfuerzos para alcanzar una meta, al cadete espacial se le hace difícil trabajar con los demás en la misma dirección.

• No coloque a los cadetes espaciales en puestos de liderazgo, porque no serán capaces de determinar el ritmo de trabajo de los demás.

• Sin embargo, no descarte a su amigo, el cadete espacial, ni lo dé por un caso perdido. Busque la clave de su exclusividad e intente desarrollarla. Muchos cadetes espaciales son personas brillantes y hábiles. Tienen mucho que ofrecer si se les da el cargo apropiado. Cuando trabajan solos es cuando mejor lo hacen, así que busque una esfera de trabajo por la cual se sientan interesados y déles la oportunidad de soñar y crear.

El «volcán» es ese tipo de persona explosiva e impredecible, a la que resulta prácticamente imposible acercarse. ¿Cómo tratarlos? ¿Hemos de caminar con pie de plomo en su presencia, o probar las aguas para ver qué clase de día tienen? Resulta difícil relajarse al lado de los volcanes porque nunca sabemos cuándo va a subirles la temperatura. De la misma forma que el cadete espacial produce frustración, los volcanes generan tensión. Los que tienen que trabajar con ellos siempre se sienten un poco tensos; nunca se sabe qué hará estallar al volcán.

¿Cómo debemos tratar a los volcanes cuando estallan? Permanecer calmo es la clave. Apártelos del grupo y mantenga usted la calma. Ellos no necesitan público, y para usted será mejor que su presión arterial no suba. Una vez que esté a solas con ellos, déjelos que se desahoguen. Permítales estallar con fuerza y por todo el tiempo que sea necesario. Déjelos que saquen todo lo que tienen por dentro. No intente interrumpirlos porque no lo estarán escuchando. En el intento por aclarar las cosas, usted deberá volver atrás y pedirles que le repitan algunos detalles. Reduzca al mínimo cualquier exageración y elimine cualquier rumor que pueda haberse entremezclado en la historia, para que así pueda encarar sólo los hechos y no las emociones. Acto seguido déles una respuesta clara y suave con respecto a la situación. Por último, pídales cuentas por las cosas que dicen y hacen que dañan a los demás.

Otro tipo de persona difícil de tratar es el que hace pucheros. Esta persona siente mucha lástima de sí misma, y trata que los demás le hagan el gusto. Su actitud es una forma de manipular a los demás. Si las cosas no marchan como quieren, son capaces de crear un ambiente denso, tan opresivo como una nube de lluvia. Eso lo hacen con mucha astucia. A veces utilizan el truco del silencio para conseguir lo que quieren.

Aquí tiene la estrategia a seguir para enfrentar a ese tipo de individuo. Primero, dígale que la melancolía es una *opción*. Eso es esencial. Las personas se ponen melancólicas para poder manipular a otras personas y lograr así el control. En muy raras ocasiones esas personas son realmente melancólicas. Enséñeles que son los culpables del ambiente que ellos mismos crean, especialmente si ocupan algún cargo dirección. Todo el mundo, en todas partes del mundo, tiene problemas; de manera que él o ella no tiene derecho a venir con sus quejas insignificantes y sumarlas a la carga. Como pastor, tengo la responsabilidad de crear un ambiente de optimismo entre los muchos voluntarios que trabajan en la iglesia, alentándolos, motivándolos y manteniendo una actitud positiva. Si su elección es dirigir a los demás, entonces también debe optar por tener un temperamento equilibrado.

En ocasiones resulta beneficioso confrontar a los que hacen pucheros con las personas que realmente tienen problemas. Quizás eso haga que se vean a sí mismos a través de un prisma diferente, a que sean más agradecidos y tengan actitudes más positivas. Conocí a un hombre que constantemente sentía lástima de sí mismo porque su trabajo no era va-lorado. Ese hombre era guardián de una iglesia y en su trabajo era todo un perfeccionista. El santuario estaba siempre reluciente y los pisos muy limpios. Desafortunadamente, aquella labor se convirtió en algo extremadamente importante para él. Se molestaba cuando los niños y los adultos caminaban por aquellos pisos lustrosos, tiraban papeles en el césped o derramaban agua de los bebederos. Se concentró en sí mismo y en su iglesia limpia, y perdió de vista la imagen general. Las personas que venían a la iglesia a aprender sobre Jesucristo debían haber sido más importantes. Para ayudarlo a reordenar sus prioridades, lo llevé a la sala de enfermos de cáncer del hospital de la localidad, y le mostré que las personas estaban tan enfermas que tal vez nunca se recuperarían lo suficiente para visitar la iglesia, y que muchas de ellas quizás morirían sin poder nunca conocer a Jesucristo. Mi sencillo ejercicio dio resultado; a la semana siguiente se produjo un cambio significativo en su actitud. Dejó de sentir lástima de sí mismo y se sintió agradecido de poder participar de la alegría de testificar de Jesús.

Es importante que nunca recompensemos o les brindemos atención a las personas melancólicas. Darles una oportunidad para que expongan públicamente sus actitudes negativas crea en ellas un sentimiento de reconocimiento. La mejor forma de atacarlas es elogiando las ideas y las acciones positivas de esas personas e ignorándolas cuando se chupan los dedos.

Los que hacen pucheros están sujetos a cambios emocionales; mantienen actitudes negativas sólo en determinados momentos. El «aguafiestas», por otro lado, siempre está deprimido y su actitud es invariablemente negativa. Es el clásico pensador de lo imposible que ve un problema en cada solución. Esa persona padece de una terrible enfermedad que se conoce con el nombre de «excusitis», es decir, busca problemas y da excusas.

Lo más difícil a la hora de trabajar con una persona que tenga estas características, es que no se responsabiliza por sus actitudes ni por su comportamiento negativo. O bien es siempre: «La culpa la tiene el otro», o «Así soy yo.» Es una forma de culpar a Dios. No aliente el comportamiento de los aguafiestas erigiéndoles una plataforma desde la cual puedan dar excusas. De forma amable pero enérgica, manifieste que usted tiene confianza en esa persona, pero que la actitud que mantiene está entorpeciendo el progreso. Necesita decidir si va o no a arriesgarse a ser positivo y responsable. Si se decide a cambiar su comportamiento, recibirá reconocimiento. Si decide lo contrario, entonces lo mejor que usted puede hacer es alejarse de él.

El «recogedor de basura» está atrapado aun más en la madeja del negativismo que el que hace pucheros y que el «aguafiestas». Los recogedores de basura han entregado la dirección de su vida a los sentimientos negativos. Ah, y ¡cómo les gusta volver a repasar las heridas que han sufrido en el pasado a manos de otras personas! Curan sus heridas y se aferran a su espíritu herido y enfermo. Dicho de una forma sencilla y concisa, se hunden. El hecho de que haya basura en nuestra vida es algo verdaderamente deprimente; pero recogerla y llevarla por todo el pueblo en un camión para que las personas la vean, es más que enfermizo.

¿Cómo enfrenta usted a ese tipo de personas? Primero considere con ellas la forma en que tratan de representar a otras personas.

Nunca permito que alguien me diga: «Hay muchas personas más que también piensan lo mismo.» No lo sigo escuchando a menos que me diga los nombres de esas personas. Ese requisito sencillo le quita bastante «peste» a la basura, porque generalmente se trata de dos o tres individuos que también sienten atracción hacia los desechos. Desafío sus planteamientos reprendiéndolos cuando generalizan o exageran. Si la situación que ellos han creado es bastante seria, debo entonces destruir su credibilidad exponiéndolos ante un grupo de personas que tomen decisiones. En mi caso, ese grupo sería la junta de la iglesia o el personal pastoral.

El «utilizador» es la persona que manipula a los demás en beneficio propio. Los utilizadores evitan toda responsabilidad para ellos mismos, pero al mismo tiempo exigen que los demás dediquen tiempo y energías para beneficiarse ellos. En ocasiones emplean el sentimiento de culpa para conseguir lo que quieren. Se hacen los débiles para que las personas sientan lástima de ellos y los ayuden.

¿Qué hacer con los «utilizadores»? Primero, establezca límites a sus esfuerzos por ayudarlos. De lo contrario, desatarán en usted el sentimiento de culpa y terminará debilitándose. Recuerde que no sólo le sacarán dos o tres millas de distancia, sino que si se lo permite, le vacían los bolsillos. Exija responsabilidad a los utilizadores. Incluso si usted está dispuesto a ayudarlos, asegúrese de que se responsabilicen con una parte del trabajo. De lo contrario, usted terminará cargando con todo mientras ellos prosiguen andando por su alegre camino, muy probablemente en busca de otra alma crédula.

Por último, no se sienta comprometido con los utilizadores, y no se sienta culpable de no sentirse obligado. En la mayoría de los casos, un no firme y sencillo es la mejor medicina.

Quizás usted haya identificado a alguien que conoce en cada una de estas caricaturas. O tal vez esté usted tratando con una persona tan difícil que está en una categoría aparte. Existen determinadas reglas gene-rales que puede poner en práctica y que le permitirán trabajar más eficientemente con las personas con problemas.

1. Ámelas incondicionalmente.
2. Pídale a Dios que le dé sabiduría para tratar con ellas.
3. Mantenga usted mismo una buena salud emocional.
4. No promueva a las personas a posiciones de dirección con el fin de rescatarlas.
5. Sea sincero con Dios, con usted mismo y con ellas.

EL PROCESO DE LAS RELACIONES

Resulta importante comprender el proceso de las relaciones, específicamente las etapas que comprende la ruptura de ellas. Echemos un vistazo a esas etapas una por una:

- *La luna de miel* es la etapa por la cual comenzamos. Por lo general, en esta fase, tenemos una visión irreal de la relación. Es obvio que lo que atrae a las personas entre sí, ya sea una relación de negocios, una amistad o un romance, son sus cualidades positivas. La necesidad de encontrar a alguien que satisfaga ciertas necesidades en nuestra vida, no nos permite ver por el momento sus rasgos negativos.

- *La irritación específica* es la etapa en la que comenzamos a abrir los ojos y a ver cosas que no nos gustan. Desarrollamos un banco de recuerdos de esos defectos de la personalidad; pero también vemos la relación a través de un prisma mucho más realista. Si usted hace un recuento de las primeras semanas de su matrimonio o de su nuevo trabajo, probablemente recordará el primer incidente que lo hizo volver a la realidad, el momento en el que se percató de que la luna de miel había concluido.

- *La incomodidad general* nos obliga a abordar las irritaciones específicas que se han ido acumulando en nuestro banco de recuerdos. En esta fase somos más abiertos, sinceros y transparentes a la hora de decirles a las personas por qué nos hacen sentir mal.

- *El esforzarse más* es una etapa de desarrollo en la que elevamos nuestros niveles de energía para hacer de la relación todo un éxito. Desafortunadamente, en ocasiones resulta muy difícil separar el problema de la persona.

- *El cansancio* en ocasiones se convierte en un serio problema en las relaciones porque ya estamos demasiado agotados para seguir adelante. Tendemos a rendirnos en los momentos cruciales.

- *La separación* es la última etapa. Generalmente, en ese momento la relación ya está acabada, sin esperanzas de reconciliación. Por lo general, cuando eso ocurre, ya estamos demasiado insensibles como para que nos importe algo o para provocar heridas.

Esta serie de etapas no tiene que completarse; puede romperse el ciclo. Generalmente, cuando el proceso se revierte, eso ocurre en la fase de incomodidad general. En esa etapa aún es posible tomar la decisión de aceptar lo que a usted no le gusta de una persona y amarla sin condiciones. Mientras más se esfuerza por desestimar las faltas de una persona, más fácil resulta volver a enfocar su atención en los rasgos positivos de él o de ella.

PROBLEMAS EN LAS RELACIONES

En la mayoría de las relaciones resulta inevitable que en determinado momento se produzca una confrontación. En ese momento de crisis es importante estar preparado para acercarse a la parte ofensiva con la actitud correcta. Si se maneja correctamente una confrontación, ésta puede en realidad fortalecer la relación. De lo contrario, puede provocar un final abrupto e infeliz. En aras de que esto no ocurra, siga estas seis indicaciones:

1. *Incluya a las principales personas implicadas en el conflicto.* La experiencia me ha enseñado que a menos que todas las personas implicadas se unan, nunca se podrá conformar la historia de manera precisa.

2. *Organice los hechos.* Centrarse en evidencias provocadas por rumores o por «impresiones generales» sólo generará respuestas abruptas cargadas de emoción y, probablemente, contraataques llenos de resentimientos.

3. *Nunca reprenda cuando esté molesto.* Asegúrese de que tiene controladas sus emociones. Mientras más enfadado esté usted, menos objetivo será y menos efectivo será el regaño. Resulta prudente dilatar la confrontación hasta que tranquilamente se haga estas dos preguntas: ¿Pude haber contribuido al problema? ¿Hay circunstancias atenuantes que estoy pasando por alto?

4. *Sea preciso con relación a la ofensa.* Deje que la persona sepa exactamente cuál es la acusación. No intente suavizar el golpe con vacilaciones o negándose a exponer los detalles.

5. *Escuche la versión de la otra persona.* Dele siempre al contrario la oportunidad de explicar lo que ocurrió y por qué se comportó de esa forma. Es posible que haya circunstancias atenuantes (a veces es posible que usted sea una de esas circunstancias).

6. *Asegúrese de tener información completa.* Mientras mejor sea la documentación que usted tiene —cómo se produjo el error, cuándo ocurrió, quién estaba implicado, etc.— más equilibrado

en cuanto a temperamento y más productivo será el regaño.

7. *No guarde rencor.* Una vez que ha impartido el regaño y ha administrado cualquier sanción, no se lleve consigo las hostilidades. Hágale saber a esa persona que para usted el problema es ya un caso cerrado y actúe de acuerdo con eso.

¿Recuerda usted el episodio de Amós y Andy cuando este último se mantuvo dándole manotazos en el pecho a Amós hasta que un buen día Amós consideró que ya había sufrido bastante? Decidió saldar cuentas con Andy de una vez y por todas. Le mostró a un amigo varios explosivos que tenía atados a su pecho por debajo de su chaqueta, y dijo, lleno de orgullo: «La próxima vez que Andy me dé un manotazo en el pecho, se va a volar la mano.» El pobre Amós no había calculado las consecuencias de su venganza. No tiene sentido guardar rencor al extremo de llegar a una explosión. Será mayor el daño que usted mismo se inflija que el que le ocasione a la parte que lo ofendió.

Nuestra meta suprema a la hora de enfrentar los problemas debe ser presentar la verdad de forma tal que permita fortalecer la relación, no destruirla. Desafortunadamente, eso no siempre se puede lograr. Si la relación no puede soportar un encuentro sincero, cara a cara, entonces probablemente no se trate de una relación saludable. En algunos casos, la única solución es ponerle fin a la relación, pero esa debe ser la última opción.

PÓNGALO EN PRÁCTICA
Principios clave

• Muéstreme una persona que se ve a sí misma de forma negativa y le mostraré una persona que ve a los demás de manera negativa.

• La mayoría de las veces nuestros problemas en las relaciones se derivan de que nosotros mismos tenemos problemas o situaciones que no han sido resueltas. No es posible tratar el dolor de otra persona sin antes haber descubierto la cura y aceptado el tratamiento nosotros mismos.

• Cuando se percata de que las personas lo tratan según se ven ellas mismas en lugar de como es usted en realidad, resulta menos probable que acepte el comportamiento de ellas hacia usted.

• La clave para establecer relaciones exitosas tiene que ver con la responsabilidad. Somos responsables por la forma en que tratamos a los demás. No somos responsables por la forma en que nos tratan; sin embargo, somos responsables por nuestras reacciones hacia los que son de carácter difícil de tratar. No puedo elegir cómo usted me tratará; pero sí puedo escoger la forma en que reaccionaré.

Aplicación de estos principios

En mis relaciones con las demás personas, aplicaré los principios que aparecen en este capítulo de la siguiente forma:

1.

2.

3.

Para más información

Cómo relacionarse mejor con los demás, por James Hilt
Untwisting Twisted Relationships, William Backus

9.

CÓMO SER UNA PERSONA QUE ACEPTA CRÍTICAS

*Aprenda a emplear la confrontación como
una oportunidad para el desarrollo*

Nuestra capacidad para aceptar críticas nos puede formar o destruir. Nadie es indiferente a las críticas; nos hacen responder, ya sea de forma positiva o negativa. Precisamente ayer hablé con una mujer cuyo esposo se ha traumatizado como consecuencia de las críticas destructivas. Se ha amargado; su personalidad y su perspectiva sobre la vida se han vuelto negativas.

Aprender a enfrentar las críticas fue una de las lecciones más difíciles que aprendí en mi vida. Yo crecí en una iglesia donde la señal más segura del éxito era un voto pastoral unánime. Durante las conferencias anuales, el tema de conversación más candente era las votaciones en las demás iglesias.

¡Dios salve al pastor que recibiera votos negativos! Al parecer no tenía mucha importancia que la iglesia estuviera desarrollándose y madurando, o que las personas fueran desarrollándose en sus relaciones con Jesucristo. Si el pastor recibía un voto unánime, esa era la cima de su carrera y se le tenía en alta estima. Aquello también quería decir que la iglesia estaba bien espiritualmente.

Con esos antecedentes, fui a mi primera misión pastoral en Hillman, estado de Indiana. Tras finalizar el primer año éramos treinta y tres miembros. La votación fue treinta y uno a favor, uno en contra y una abstención. Aquello me dio pánico. Inmediatamente llamé a mi padre y le pregunté si pensaba que debía renunciar a la iglesia. Él no podía imaginar por qué yo estaba tan enojado y se echó a reír a carcajadas. En aquel momento, apenas logre percatarme de que esa sería la mejor votación que recibiría en mi carrera como pastor. Saber que había una persona, quizás dos, a las que no les gustaba lo que yo estaba haciendo, fue algo muy difícil para mí. Desde entonces aprendí que si uno quiere hacer grandes cosas para Dios, siempre habrá alguien que no querrá participar.

TOME UN ENFOQUE POSITIVO

Una vez escuché la historia de un barbero con una actitud crítica y negativa que nunca tenía nada agradable que decir. Un día llegó un comerciante a cortarse el pelo y mencionó que estaba a punto de hacer un viaje a Roma, Italia.

—¿Por qué aerolínea va a viajar y en qué hotel se va a hospedar? —le preguntó el barbero.

Cuando el comerciante le respondió, el barbero criticó la aerolínea por ser poco segura y el hotel por el mal servicio que ofrecía.

—Mejor se queda en su casa —le aconsejó el fígaro.

—Es que espero cerrar un gran negocio. Y después voy a visitar al Papa —dijo el comerciante.

—Se va a desilusionar si trata de hacer negocios en Italia —le dijo el barbero—. Y no espere ver al Papa. Él sólo les concede audiencias a personas muy importantes.

Dos meses después el comerciante regresó a la barbería.

—¿Y cómo le fue el viaje? —le preguntó el barbero.

—Maravillosamente bien —respondió el comerciante—. El vuelo fue perfecto, el servicio del hotel excelente; hice una gran venta, y conseguí ver al Papa.

—¿Consiguió ver al Papa? ¿Y qué pasó?

—Me arrodillé y le besé el anillo —le respondió el comerciante.

—¡No bromee! ¿Y qué le dijo?

—Colocó su mano sobre mi cabeza y me dijo: «Hijo mío, ¿de dónde sacaste ese corte de pelo tan horrible?»

Hay un dicho que dice: «Todo lo que se va, regresa.» Eso es muy cierto, especialmente en la esfera de las actitudes humanas. Si usted es una persona criticona y negativa, la vida lo tratará mal. Por el contrario, si mantiene una actitud positiva y tiene una disposición alegre, la alegría que comparte regresará a usted.

Existen dos tipos de personas muy propensas a recibir críticas. El primer grupo es el de los líderes. Aristóteles lo dijo bien claro: «La crítica es algo que se puede evitar fácilmente no diciendo nada, no haciendo nada y no siendo nada.» Sí, uno de los costos del liderazgo es la crítica. Si usted está dispuesto a ir en contra de la corriente, se coloca en una posición vulnerable, así que cuente con cierto grado de críticas.

En una ocasión, después de hablar en una conferencia acerca de las actitudes negativas, recibí una nota que aún conservo: «Dese cuenta de que los tipos que critican minimizan a aquellos cuyos empeños se destacan por encima de los tipos que critican y minimizan.» Eso es lo que hace el líder: destacarse. Cuando usted está dispuesto a arriesgarse, a asomar la cabeza, siempre habrá alguien que querrá cortársela.

No permita que esa amenaza le impida ser todo lo que usted puede ser. Empínese por encima de ella y haga como el desaparecido Adolph Rupp, entrenador de baloncesto de la Universidad de Kentucky. A lo largo su carrera como entrenador, Rupp tuvo que luchar a brazo partido contra los que criticaban sus métodos. Hubo muchos que la emprendieron contra Rupp (era una persona de carácter difícil, un mojigato); pero resulta difícil culpar al cazador después que ya tiene las pieles colgadas en la pared. Al final de su carrera había acumulado ochocientas setenta y cuatro victorias y era uno de los entrenadores con más victorias en la historia del baloncesto universitario.

Además de los líderes, el otro grupo de individuos propensos a recibir críticas lo integran los llamados «saltadores»; las personas que saltan a la vista del público porque son agentes de cambio. Producen cambios incómodos e indeseados en la vida de las personas, aunque frecuentemente es para beneficio de ellas. Hace muchos años, la comunidad médica se opuso resueltamente a la idea de vacunar a los niños contra las enfermedades, pues se trataba de un procedimiento nuevo y desconocido. Las personas que hacen descubrimientos y crean invenciones descubren que se necesita tiempo para que el mundo acepte sus ideas, pues la gente le teme a los cambios.

Durante los últimos años de su vida, John Wesley hizo amistad con William Wilberforce. Wilberforce era un gran defensor de la abolición de la esclavitud antes del inicio de la Guerra Civil. Él fue víctima de una fuerte campaña por parte de los comerciantes de esclavos y de otros cuyos poderosos intereses comerciales peligraban. Se comenzó a rumorar que Wilberforce golpeaba a su esposa. Durante cerca de veinte años de intensas batallas, se criticaron el carácter, la moral y las motivaciones de Wilberforce fueron criticadas.

Desde su lecho de muerte, John Wesley le escribió a Wilberforce: «A menos que Dios te haya llamado para este tipo de cosas, la oposición de los hombres y de los demonios te desgastarán. Pero si Dios está de tu parte, ¿quién puede estar en contra tuya? ¿Son todos ellos juntos más fuerte que Dios? No te canses de hacer el bien.» William Wilberforce nunca olvidó las palabras de John Wesley. Lo hicieron seguir adelante aun cuando todas las fuerzas del infierno se alistaron en su contra.

La pregunta para los líderes y los «saltadores» no es: ¿Tendré que enfrentar las críticas? sino ¿Cómo puedo enfrentar y aprender de las críticas y de las confrontaciones? Es posible aprender a aceptar las críticas de manera exitosa y las diez sugerencias que aparecen a continuación pueden ayudarlo a ayudarse a sí mismo.

DIEZ SUGERENCIAS PARA ACEPTAR CRÍTICAS

1. *Comprenda la diferencia entre la crítica constructiva y la destructiva.* Usted necesita aprender a interpretar las críticas. ¿Se trata de una crítica positiva para ayudarlo o de una crítica negativa para destruirlo? Alguien dijo en una oportunidad que hay crítica constructiva cuando uno mismo critica; negativa cuando uno es criticado. Para determinar las razones ocultas que producen una confrontación, hágase algunas preguntas. Primero: ¿Con qué espíritu se produce la crítica? Busque más allá de las palabras y descubra los motivos. ¿Proyecta la crítica una actitud benigna o una actitud de enjuiciamiento? Si la actitud de quien lo critica es benigna, puede tener la certeza de que se trata de una crítica constructiva.

En segundo lugar: ¿Cuándo le hacen la crítica? Los momentos de confrontación tienen que compartirse en privado, no ante los ojos o los oídos de los demás. Si alguien critica a una persona en público, usted puede estar seguro de que las intenciones del primero no son las mejores. Ha salido a destruir, no a ayudar.

Tercero: ¿Por qué lo critican? Esta pregunta guarda relación con la actitud de quien critica. ¿Es para beneficio y desarrollo personal, o es el resultado de un sentimiento herido? En ocasiones, las personas que han experimentado problemas y dificultades, tratarán a los demás de forma crítica y negativa.

2. *No se tome a sí mismo tan en serio.* Si puede desarrollar la capacidad de reírse de usted mismo, se sentirá más relajado a la hora de recibir o de hacer críticas. Admítalo, todos hacemos algunas cosas tontas y estúpidas. Bendito sea quien disfruta de sus propios disparates. Todos tenemos la aprobación de Dios; no necesitamos tener la aprobación de otros y quedar bien ante ellos. No somos perfectos. Muchos tomamos nuestras cosas demasiado en serio, no así a Dios.

En una tira cómica, un pastor se ve obligado a aprender a enfrentar las críticas. Uno de los miembros de su iglesia se le acerca al pastor después de concluir el culto y le dice:

—Reverendo, quiero que sepa que este no fue uno de sus mejores sermones.

Abiertamente, el pastor responde:

—Bill, quiero que sepas que agradezco las críticas constructivas.

En el último cuadro, el pastor se retira a su estudio, cierra la puerta y cae de rodillas con un grito de: «¡Ayyyyyyyy!»

Todos hemos hecho eso, ¿verdad? De la boca para afuera, parecemos agradecer las palabras; pero cuando quedamos a solas, nos destruimos emocionalmente, nos irritamos, nos ponemos vengativos y nos sentimos profundamente heridos.

3. *Mire más allá de la crítica y vea a quien la hace.* Cuando alguien se me acerca a contarme algo sobre otra persona, me intereso más en la persona que lo ha dicho que en lo que me están diciendo. De hecho, esa es una de mis primeras preguntas: *¿Quién lo dijo? ¿Quién te contó eso?* Cuando descubro quién fue el autor, ya sé si escucho o no lo que viene después. O bien me enderezo, lo tomo en serio, o simplemente pienso: *Otra vez con lo mismo.*

Tenga en mente algunas consideraciones con respecto a quien lo critica. Primero: ¿Se trata de alguien a quien usted respeta por su carácter? Es preferible la crítica adversa de un hombre inteligente que la aprobación entusiasta de un tonto. Segundo: ¿Critica esa persona con frecuencia? ¿Es la crítica un patrón de su conducta? Si es así, no le conceda mucho valor a lo que dice. Posiblemente sea una forma de llamar la atención. Por otro lado, las críticas que provienen de una persona de actitud positiva, probablemente merezcan más atención.

Se cuenta de un niño de doce años que jamás había hablado en toda su vida. Después que le sirvieron varias veces consecutivas avena en el desayuno, sucedió un milagro. Para asombro de todos, el muchacho exclamó:

—¡Ah! ¡Qué odio le tengo a la avena!

Su madre quedó abrumada. Salió corriendo y se abrazó al cuello del muchacho:

—Durante doce largos años tu padre y yo estuvimos convencidos de que no podías hablar —le dijo llorando—. ¿Por qué nunca nos habías hablado?

El muchacho respondió sin rodeos:

—Hasta ahora todo había marchado bien.

No estoy seguro si la madre continuó sirviéndole avena para que el muchacho siguiera protestando; pero lo cierto es que él supo cómo ha-cerse escuchar.

Por último, hágase esta pregunta: ¿Quiere quien me critica ayudarme sinceramente? ¿Está él o ella de mi parte, creyendo en mis mejores cualidades, deseando ayudarme? Recuerde que las personas que se mantienen remando, no tienen mucho tiempo para poner el bote en peligro de zozobrar.

4. Cuide su propia actitud hacia quienes lo critican. Una actitud negativa hacia la crítica puede ser más perjudicial que la propia crítica. Recuerde que guardar resentimientos es muestra de arrogancia. El finado entrenador de fútbol de las universidades de Tennessee, Army y Yale, Herman Hickman, dijo en una ocasión: «Cuando lo estén botando del pueblo, póngase al principio de la fila de personas y haga como si estuviera dirigiendo el desfile.»

En 1 Pedro 2:21-23, encontramos cuál debe ser la actitud correcta ante la crítica: Pues para esto fuisteis llamados; porque también Cristo padeció por nosotros, dejándonos ejemplo, para que sigáis sus pisadas; el cual no hizo pecado, ni se halló engaño en su boca;

quien cuando lo maldecían, no respondía con maldición; cuando padecía, no amenazaba, sino encomendaba la causa al que juzga justamente.

¿Pudiera ser que una actitud pobre revele que hemos confiado en nosotros mismos, en lugar de confiar en Dios, que conoce bien toda la situación? Si confiamos en él y somos obedientes, podemos esperar algunas críticas. En ocasiones, él nos llama para que asumamos una postura impopular.

También nos ha llamado a que amemos a los que nos critican.

5. *Comprenda que las personas buenas son criticadas.* A Jesucristo, cuyos motivos eran puros y no tenía una sola mancha en su carácter, le dijeron glotón (Mateo 11:19), bebedor (Lucas 7:34), samaritano (Juan 8:48) y amigo de los pecadores (Mateo 11:19; Marcos 2:16). Si nuestra vida es como la de Cristo, podemos esperar críticas. De hecho, hay momentos en los que debemos ver las críticas del mundo como una prueba de que nuestra vida ha cambiado. Una persona que tiene la mente contaminada y no ve bien las cosas, no puede comprender o interpretar el comportamiento basado en la obediencia a Dios. De manera que si usted está viviendo en un plano superior al resto del mundo espere algunas críticas.

6. *Manténgase en buena forma física y espiritual.* El cansancio físico influye grandemente en la manera en que actuamos y reaccionamos; distorsiona nuestra forma de ver y abordar la vida. Recientemente, Margaret y yo veníamos de regreso a casa tras un largo viaje, y después de no haber dormido durante muchas horas y de lidiar con varias aerolíneas, estábamos agotados físicamente. Al damos cuenta de que cualquier intento por comunicamos nos pondría al borde de una discusión, Margaret propuso que cada uno se concentrara en la lectura de un libro. Aquello funcionó. Cuando el avión aterrizó en San Diego, no estábamos muy alerta que digamos, pero aún continuábamos siendo amigos. Se trata de un hecho sencillo en la vida: nuestra mente y nuestro cuerpo necesitan descanso.

Elías sucumbió ante la oposición cuando el cansancio se apoderó de él. Jezabel era una incitadora, y su oposición minó la fortaleza del predicador. Elías se quejó diciendo: «Basta ya, oh Jehová, quítame la vida, pues no soy yo mejor que mis padres» (1 Reyes 19:4). Elías estaba completamente abatido. Cuidado con el cansancio, porque Satanás puede aprovecharse de eso. Cuando estamos extremadamente cansados, nos ponemos demasiado criticones y, al mismo tiempo, somos menos capaces de aceptar las críticas de los demás.

7. *No sólo vea al que lo critica, mire si hay una multitud.* La historia que veremos a continuación, ilustra este punto:

La señora Pérez había invitado a un magnífico y afamado violinista para que amenizara una de sus tardes cuando tomaba el té. Concluida su actuación, todos los invitados se reunieron alrededor del músico.

—Tengo que ser sincero con usted —dijo uno de los invitados—. Pienso que su interpretación fue sencillamente un desastre.

Al escuchar tal crítica, la anfitriona interpuso:

—No le preste atención. No sabe lo que está diciendo. Él sólo repite lo que les escucha decir a los demás.

Quiero sugerirle que amplíe su visión; vaya más allá de la persona que lo está criticando y mire si tiene también cosas agradables que decir. Considere la posibilidad de que esté oyendo la misma crítica de varias personas. Si ese fuera el caso, debe darse cuenta de que tiene ante sí un reto que enfrentar. Si por el contrario, usted está tratando con un puñado de personas con actitudes negativas, el reto debe ser no dejarse afectar por ellas.

El dramaturgo irlandés George Bernard Shaw, por supuesto que tuvo sus críticos; pero ciertamente sabía cómo tratarlos. Tras finalizar una gala inaugural, uno de sus críticos manifestó su desaprobación diciendo:

—Es pésima, ¡pésima!

A lo que Shaw respondió:

—Estoy perfectamente de acuerdo con usted; pero ¿qué podemos hacer nosotros dos contra tanta gente?

8. *Espere la oportunidad de demostrarles que están equivocados.* El tiempo es su mejor aliado porque le permite probar que usted tiene la razón. Con frecuencia, en la medida en que se desarrollan los acontecimientos, la causa que da origen a la crítica desaparece y usted queda reivindicado. Tal vez esté pensando: *Para usted, Maxwell, es fácil decirlo. Usted no tiene que verse en mis circunstancias.* Pero he pasado por esas circunstancias en muchas oportunidades. Si usted sabe a ciencia cierta que su acción y su decisión fueron las correctas, manténgase firme. El tiempo se encargará de probar que fue así.

Abraham Lincoln, el más querido de los presidentes de los Estados Unidos, fue también el mandatario más criticado. Posiblemente a ningún otro político en la historia le han dicho tantas cosas. Aquí tenemos cómo el diario *Chicago Times* evaluó en 1865 el discurso de Lincoln en Gettysburg, al día siguiente de haberlo pronunciado: «Las mejillas de todos los norteamericanos deben arder de vergüenza cuando lean estas palabras tontas, monótonas e insípidas, pronunciadas por un hombre que ha sido señalado a los extranjeros inteligentes como el presidente de los Estados Unidos.» Obviamente, el tiempo se encargó de demostrar que esas críticas virulentas no eran correctas.

9. *Rodéese de personas con actitudes positivas*. Cuando usted tiene opciones en cuanto a tiempo, dedíqueselo a las personas que lo ayudarán. Dedicarles suficiente tiempo a las personas con actitudes positivas reducirá los efectos de las críticas negativas. Al mismo tiempo, lo desalentará a criticar a los demás. Cuando los cuervos atacan a un halcón, este no contraataca. Por el contrario, se eleva bien alto, volando en círculos cada vez más amplios hasta que los pájaros lo dejan tranquilo. Muévase en círculos sobre sus adversarios en lugar de luchar contra ellos. Si su actitud positiva llega a tener algún efecto en las personas con actitudes negativas, será por su ejemplo, no por su defensa. Así que elévese por encima de ellas. Cuesta trabajo elevarse como un águila si usted se identifica con los pavos.

10. *Concéntrese en su misión y corrija sus errores*. La mayoría de las personas hacen todo lo contrario: corrigen su misión y se concentran en sus errores. Si usted huye de sus responsabilidades cada vez que comete un error, nunca logrará nada. Siempre experimentará un sentimiento de derrota y frustración. Los únicos errores verdaderos que hay en la vida son los errores de los cuales no extraemos ninguna enseñanza. Así que lejos de concentrarse en ellos, cuente con el hecho de que los cometerá, que aprenderá de ellos y que seguirá adelante hasta terminar el trabajo. Hay un proverbio árabe que dice que si usted se detiene cada vez que un perro ladra, nunca verá el fin del camino. No permita que sus errores se interpongan en su camino; haga camino sobre ellos.

Para desarrollar relaciones fuertes usted necesita saber cómo aceptar las críticas con elegancia; pero también habrá ocasiones en las que será usted quien critique. Es posible entrar en confrontación sin que se destruya la relación. Pero tenga cuidado, porque las confrontaciones a la ligera pueden ser devastadoras. Antes de iniciar la confrontación, analícese a sí mismo en las siguientes esferas:

DIEZ SUGERENCIAS PARA CUANDO TENGA QUE CRITICAR

1. *Analice sus motivos.* La meta de la confrontación debe ser ayudar, no humillar. Hay tres preguntas esenciales que lo ayudarán a exponer las verdaderas razones. Primero, pregúntese: ¿Criticaría esto si no fuera por razones personales? En ocasiones reaccionamos de manera diferente cuando tenemos una participación directa desde el punto de vista personal y emocional. He aquí lo que quiero decir:

Sluggo: El niño nuevo que llegó a la escuela es un estúpido.

Nancy: No debes decirle nombretes a las personas. Yo nunca les pongo nombretes a las personas.

Sluggo: Sólo me molesté cuando él dijo que parecías un poco ridícula.

Nancy: ¿Qué más dijo el estúpido ese?

Segundo, pregúntese lo siguiente: ¿Las críticas me hacen parecer mejor? Criticar a alguien para realzarse uno mismo es la forma más baja de gratificar el ego personal. Eso denota una gran inseguridad. Recuerde que no es necesario apagar las luces de otra persona para dejar la de uno encendida.

Tercero, hágase esta pregunta: ¿Me produce dolor o placer esta crítica? Cuando le resulta doloroso criticar a los demás, probablemente lo está haciendo de buena fe. Si le produce tan sólo una pizca de placer cuando está criticando a alguien, debe entonces aguantarse la lengua.

2. *Asegúrese* de *que vale la pena criticar el asunto.* ¿A quién le interesa realmente? A veces nuestro orgullo nos lleva a hacer escaramuzas totalmente innecesarias. La crítica leve ejercida de manera constante denota la existencia de una mente estrecha. Usted tiene que ser pequeño para poder minimizar. El secreto para evitar distraerse y molestarse por cuestiones insignificantes estriba en mantener la cabeza erguida y la mirada puesta en las metas.

3. *Sea específico.* Cuando inicie una confrontación, tiene que ser cuidadosamente explícito. Diga exactamente lo que quiere decir y uti-lice ejemplos para apoyarse en ellos. Una vez tuve un miembro de mi personal al que le costaba mucho trabajo poder hacerle frente a los demás. Odiaba hacerles ver a las personas aspectos del trabajo en los cuales necesitaban introducir cambios. En una ocasión, lo ayudé en ese sentido. Ensayó conmigo todas las cosas que les tendría que decir a las personas en cuestión. Después de producirse el enfrentamiento, le pregunté cómo le había ido. Me aseguró que todo había salido a las mil maravillas y que no había problemas; de paso me dijo que las personas ni siquiera le habían preguntado nada. En aquel momento supe que algo había salido mal. La conformidad total no es una reacción normal a una confrontación sincera. Dos días más tarde salió a relucir la verdad. Una de las personas me dijo: «El otro día estuvimos treinta minutos con el pastor Fulano de Tal, pero no tenemos la menor idea de lo que quiso decirnos.» El pastor se había pasado treinta minutos dándole vueltas al asunto sin saber cómo enfocarlo. Las cosas le habrían salido mucho mejor si no hubiera hecho nada.

Si usted no es capaz de ser conciso, no entre en confrontaciones. Generalmente, las personas saben cuándo usted está dándole vueltas a un asunto, y no lo respetarán por mantener una actitud así.

4. *No subestime la confianza de las personas en sí mismas*. Intente encontrar por lo menos una esfera en la que usted pueda halagar a la persona en cuestión antes de exponerle el problema. Evite utilizar fra-ses tan manidas e irritantes como «Tú siempre. . .» o «Tú nunca. . .» Demuéstreles a las personas que tiene confianza en ellas y en su capacidad de enfrentar la situación correctamente.

5. *No compare a una persona con otra*. Trate a las personas sobre la base de la individualidad de cada una de ellas. Las comparaciones generalmente producen resentimientos, y los resentimientos generan hostilidad. No hay necesidad de causar un problema aún mayor que el que usted ya tiene, así que ¿por qué exacerbar ánimos caldeados? Si se ajusta a los hechos, es menos probable que coloque a la otra persona a la defensiva.

6. *Sea creativo, de lo contrario, no entre en confrontaciones*. Will Rogers ha dicho: «No hay nada más fácil que denunciar. No hace falta mucho tiempo para ver algo que está mal, pero sí hacen falta varios ojos para ver cuál es la solución al problema.»

Mire más allá del problema y vea si puede contribuir a encontrar algunas soluciones. Para la inmensa mayoría resulta mucho más fácil criticar que ser creativos. Pero a menos que usted esté dispuesto a ayudar de cierta manera para revertir la situación, no debe opinar sobre el problema.

7. *Ataque el problema, no a la persona.* Aborde el asunto que tiene a mano. Cuando una confrontación se transforma en un ataque personal, usted acaba con su propia credibilidad y se ve en una situación sin posibilidad de triunfo. El resultado esperado de toda confrontación debe ser que el que ha cometido un error se marche con una comprensión clara del problema y con la esperanza de que puede revertirlo.

8. *Entre en confrontación en el momento adecuado.* El momento preciso es tan pronto como usted se entera que algo anda mal. Cuando haya hecho la investigación necesaria, entonces está preparado. A veces las personas me cuentan acerca de los problemas en sus relaciones y me piden consejos. La situación es siempre la misma, al igual que mi consejo: Usted no puede huir de la necesidad de hablarle a esa persona. Cuando se espera demasiado, se pierde el momento oportuno y el asunto pasa a ser historia. Cuando usted se enfrenta a una persona en el momento preciso, se siente más capaz de esclarecer los hechos y aprovechar el incidente como una oportunidad para ayudarle en su desarrollo.

9. *Mírese usted primero antes de mirar a los demás.* En lugar de poner a los demás en sus respectivos lugares, póngase usted en el lugar de ellos. ¿Ha logrado hacer con éxito aquello de lo cual está acusando a la otra persona de no haber podido hacer? Mire las cosas desde el punto de vista de la otra persona. Verá que es usted mismo quien necesita hacer cambios.

10. *Termine la confrontación ofreciendo aliento.* Siempre dele a la confrontación el «tratamiento del emparedado». Coloque la crítica entre el halago al comienzo y el aliento al final. Dejar a una persona desalentada sin esperanza es un acto cruel y vengativo. El poeta alemán Goethe expresó: «La corrección consigue hacer mucho; pero el aliento consigue mucho más.» Dar aliento después de la censura es como la salida del sol después de la lluvia.

En mi esfuerzo por simplificar las cosas lo más que pueda, sugiero descripciones —usando una palabra— sobre las distintas maneras en que las personas responderán a las confrontaciones:

ESCAPISTAS: Hay personas que nunca sacan beneficios de las

confrontaciones; no se mantienen firmes durante mucho tiempo. Su ego es demasiado frágil. Se escapan en la primera oportunidad dada.

ESPÍAS: Hay personas que son como espías. Sospechan de todo el mundo e inician una investigación para averiguar quién dentro de la organización busca hacerle daño. Con frecuencia esas personas evitan arriesgarse a un segundo fracaso.

IRACUNDOS: Algunas personas sencillamente se molestan; estallan como ollas de presión o se cocinan a fuego lento.

MENTIROSOS: Los mentirosos tienen una excusa para cada error. Por lo tanto, el mentiroso nunca se enfrenta a la realidad de su situación.

LLORONES: Los llorones son extremadamente sensibles y salen heridos de las confrontaciones. A diferencia de los escapistas, los llorones se mantienen firmes con la esperanza de que las personas vean cuán maltratados están y les cojan lástima. Tienen complejo de mártires.

SUSPIRADORES: Esas personas tienen una actitud propia de quienes dicen: «¡Qué lástima; pero no puedo hacer nada al respecto!» No aceptan ninguna responsabilidad que implique arreglar lo que está mal.

RECEPTORES: Esta categoría de personas acepta las críticas y hace lo posible por mejorar. Aprenden de la crítica y se vuelven mejores debido a eso.

¿En cuál de estas categorías estaba usted en el pasado? ¿Hay cambios que necesita hacer antes de aceptar las críticas y sacar provecho de ellas? Lo reto a que comience hoy.

PÓNGALO EN PRÁCTICA

Principios clave

• Si está dispuesto a ir en contra de la corriente, se está colocando en una posición vulnerable. Cuente con que habrá cierto nivel de críticas.

• Cuando está dispuesto a arriesgarse y saca la cabeza, alguien querrá cortársela. No permita que esa amenaza le impida ser todo lo que puede ser. Elévese por encima de eso.

• La pregunta no es: «¿Enfrentaré críticas?», sino: «¿Cómo puedo enfrentar las críticas y aprender de las confrontaciones?»

• Si desarrolla la capacidad de burlarse de usted mismo, se sentirá más relajado cuando reciba o haga críticas.

• Una actitud negativa hacia las críticas puede ser más perjudicial que la propia crítica. Guardar resentimientos significa arrogancia.

• Para desarrollar relaciones fuertes necesitamos saber cómo aceptar las críticas con elegancia; pero también hay momentos en los que tendremos que ser los críticos. Es posible entrar en confrontación sin destruir la relación.

Aplicación de estos principios

En mis relaciones con las demás personas, aplicaré los principios que aparecen en este capítulo de la siguiente forma:

1.

2.

3.

Para más información

Your Attitude: Key to Success, John C. Maxwell

Helping Those Who Don't Want Help, Marshall Shelley

10.

SEA UNA PERSONA DE CONFIANZA

Desarrolle la integridad en sus relaciones

La confianza es algo crucial en cualquier tipo de relación, ya sea dentro del marco familiar, en la esfera de los negocios, en las congregaciones de las iglesias o en la amistad. Cuando existe esta importante base, se desarrollan relaciones fuertes y positivas, alimentadas por el aliento y la firmeza. Las personas reciben un alto grado de confianza cuando han desarrollado su carácter y se han ganado el derecho a que confíen en ellas.

Hace veinticinco años, leí una obra sobre el crecimiento en las iglesias pequeñas. El autor mencionaba algo en lo cual aún creo. Decía que el problema más grande que afecta a las iglesias locales es la baja moral. Si usted es capaz de levantarle el ánimo a una persona, entonces las cosas pueden suceder. La alta moral es el resultado de la confianza del líder en sí mismo y en las personas que él dirige. La moral se transmite a través de un sentimiento de meta común y produce un estado de bie-nestar psicológico y emocional basado en factores como los principios, la conducta, la confianza y las enseñanzas.

La confianza no depende mucho del nombre de la persona, de su puesto en la vida, de cuánto dinero tiene en el banco o de su posición. La clave para una confianza firme y segura radica en el carácter de la persona que dirige. Ya sea en nuestros hogares, negocios o iglesias donde dirijamos, tenemos la responsabilidad de ser confiables. Tenemos que probar con nuestro ejemplo que sabemos cum-

plir nuestra palabra. No existe otra forma de crear una reputación
de personas confiables que no sea siendo una persona de confianza.

Charlie Brown tiene una confianza increíble en la naturaleza
humana. De vez en cuando el caricaturista Charles Schultz mostraba
a Lucy sosteniendo en sus manos un balón de fútbol para que Charlie Brown lo pateara. Con una sonrisa de seguridad en su rostro,
Lucy le insiste que puede confiar en ella; le asegura que no va a pro-
vocarle el dolor y la humillación de caer sentado quitándole el balón
justo en el momento en que él lo va a patear. Charlie Brown siempre toma impulso para dar el puntapié, y Lucy siempre retira el
balón, haciendo que él lance la patada al aire y caiga al suelo. Pero
él prosigue intentándolo, confiado en que algún día Lucy le demos-
trará honradez.

La mayoría no somos tan ingenuos como Charlie Brown. Antes
de estar dispuestos a confiar en alguien, queremos comprobar que
esa persona sea confiable. No estamos dispuestos a ofrecer muchas
segundas oportunidades cuando la falta de confianza es un factor.

Usted puede ayudar a desarrollar la confianza en las personas apli-
cando los principios clave que vienen a continuación.

DEMUESTRE LO QUE USTED DESEA INFUNDIR

Las personas necesitan ver lo que ellas tienen que ser. La línea
final de una tira cómica decía: «No importa lo que usted le enseñe
al niño, él insistirá en comportarse como sus padres.» Esa es sencillamente una verdad humillante para todos los padres.

«Daniel el travieso» (personaje de una tira cómica) con frecuencia corrobora esta verdad. En una oportunidad, mientras sostenía en
las manos los restos de un triciclo que se había hecho añicos, Daniel
le preguntó a su papá: «¿Cuáles son algunas de las palabras que tú
dices cuando te sale mal un tiro al golf?» Había aprendido que existía una forma de comportarse cuando uno se siente frustrado.

Cuando discipulo a otros, resulta importante para mí practicar lo
que enseño y lo que les pido a los demás que hagan. Esta es una gran
verdad: Enseñamos lo que *sabemos,* pero reproducimos lo que
somos. Enseñar a otros a que hagan lo correcto es algo maravilloso.
Hacer lo correcto es más maravilloso aún. Puede ser que enseñar sea
una tarea difícil; pero es una forma mucho más fácil de aprender.

El psicólogo y escritor James Dobson nos dice que los niños

comienzan a absorber la dirección espiritual y las orientaciones en materia de valores aproximadamente a la edad de cinco años. A esa temprana edad en la vida de un niño, usted se convierte en la persona más importante en la vida del niño. Si no hay correspondencia entre lo que usted dice y lo que hace, su hijo optará por imitar todo el tiempo lo que usted hace. En opinión de Zig Ziglar, «sus hijos le prestan más atención a las cosas que usted hace que a las que dice». De manera que el don más preciado que usted le puede ofrecer a sus pequeños es el ejemplo de un acercamiento claro, consecuente y disciplinado a la fe en Dios. Es muy importante que vean eso en los primeros años de vida. Lo que aprenden y establecen en su vida durante esos años los acompaña por un largo trecho y les ayuda en la tempestuosa edad de la adolescencia.

EL ALIENTO ESTIMULA EL DESARROLLO

El aliento causa el mismo efecto de una lluvia suave; genera un crecimiento estable. El secreto del genio de Andrew Carnegie para desarrollar a otras personas, estribaba en su capacidad de alentar buenas cualidades, mientras lleva a su más mínima expresión el señalamiento de los errores. La confianza se marchita bajo los efectos de los señalamientos por errores cometidos, tal y como lo ilustra la siguiente historia de una cantante:

Ella debutó a la edad de cinco años en una iglesia. El director del coro les dijo a sus padres que algún día la niña se convertiría en una gran cantante. Toda la congregación estaba encantada con la pequeña; con su voz, con su forma de pararse, con su instinto para el escenario.

La niña continuó cantando y después de terminar sus estudios universitarios fue a Chicago a estudiar música. Uno de sus instructores era un hombre que se llamaba Fritz. Aunque aquel hombre tenía edad suficiente como para ser su padre, la muchacha se enamoró de él y se casaron. Dondequiera que ella cantaba, Fritz estaba a su lado. Después de la actuación, él le señalaba todos los errores y la instaba constantemente a alcanzar la perfección. En la casa, él utilizaba despertadores que le indicaban que era hora de practicar. Su oído entrenado era capaz de detectar la más mínima imperfección.

Gradualmente, su canto se fue tornando cada vez peor, en lugar de mejorar. Los directores musicales dejaron de contratarla. Bajo aquel torrente continuo de críticas, su espíritu se quebrantaba, estaba perdiendo la confianza en sí misma, su naturalidad.

En el momento en que su carrera iba en descenso, su esposo murió. Incluso después de su muerte, ella cantó poco, pues se sentía acosada por aquella voz familiar señalándole sus errores. Dos años más tarde, conoció a un alegre y despreocupado comerciante nombrado Roger. Este no sabía mucho de música, pero le gustó la voz de ella, y la alentó a que volviera al canto. Pocos meses después se casaron.

Los amigos notaron que la muchacha comenzaba a recuperar la confianza en sí misma y que su voz ya no sonaba estridente, sino pura y alegre, como cuando era niña. Nuevamente los directores musicales comenzaron a buscarla.

El primer esposo de la mujer, pese a sus buenas intenciones, le quebrantó el espíritu y la voz por estar señalándole constantemente los errores. El segundo esposo, por su parte, le dio el aliento que necesitaba para afianzar tan sólo el bien en ella.

Todavía no he encontrado a la persona, sea cual sea la posición de él o ella en la vida, que no trabaje mejor recibiendo aprobación que bajo la acción de las críticas. Ya hay bastantes críticos en el mundo; lo que no hay es muchas personas que den aliento.

Usted puede aprender a dar aliento practicando los siguientes procedimientos:

1. *Valore a las personas por lo que son*. Esta verdad la observamos constantemente en la vida de los niños. Ellos tienen una forma peculiár de reflejar lo que oyen acerca de ellos mismos.

Recientemente vi un programa de televisión con participación del público dedicado al tema del suicidio entre los adolescentes. Cada vez es mayor la cantidad de adolescentes que intentan el suicidio como una vía de escape de los rigores de la vida. Ellos sienten que nunca podrán estar a la altura de las circunstancias para actuar en correspondencia a cómo quieren sus padres y las demás personas. Se sienten reconocidos sólo cuando han hecho bien las cosas, no porque sean individuos únicos y de incalculable valor. Como resultado de esto, muchos jóvenes no ven posibilidades de triunfar en la vida.

2. *Anticipe que darán lo mejor de sí*. Cuando trabajo con las personas, siempre trato de mirarlas no por lo que son, sino por lo que pueden ser. Anticipando que la visión se hará realidad, me resulta fácil alentarlas a que se superen. Aumente su nivel de anticipación y elevará en los demás los índices de logros.

3. *Admire sus logros.* Agradézcales y elogie a las personas por lo que han hecho. Recuerde que no sólo de pan vive el hombre; a veces también necesita un poco de incentivo. Recuerde el efecto que provocó el estímulo en la cantante.

4. *Acepte su responsabilidad personal.* Si usted supervisa el trabajo de otras personas, esté preparado a aceptar críticas de vez en cuando. Admiré profundamente al entrenador Bear Bryant cuando lo escuché decir en una oportunidad:

No soy más que un campesino de Arkansas, pero he aprendido a mantener unido a un equipo. Sé alentar a algunos hombres, a calmar a otros, hasta que finalmente el corazón de cada uno late al mismo ritmo, en equipo. Hay tres cosas que siempre diré: si algo sale mal, fue culpa mía; si las cosas salen más o menos mal, entonces fuimos nosotros; si las cosas salen muy bien, fueron ustedes que lo hicieron. Eso es todo lo que se necesita para que las personas ganen partidos de fútbol para uno.

Permítanme volver a enfatizar la importancia que tiene el carácter en el desarrollo de la confianza. El obispo Able Muzore nos habla de un período crítico de su vida cuando los miembros de su iglesia le pidieron que dirigiera el Consejo Nacional Africano. Él sabía que todos los líderes anteriores que habían criticado las políticas injustas del gobierno hacia los negros en Rodesia, habían sido deportados del país, llevados a campamentos de detención, o asesinados.

Muzore luchó contra aquella decisión y oró como nunca antes lo había hecho. No quería que lo asesinaran, o que lo deportaran o que lo confinaran en un campo de detención; pero aun en esa situación, su pueblo aclamaba su dirección. Durante el tiempo que estuvo luchando contra esa decisión, un amigo le entregó el siguiente poema:

Las personas son irrazonables, ilógicas y egocentristas;
de todas formas, ámalas.
Si haces el bien, se te acusará de tener razones ulteriores
y egoístas;

de todas formas, haz el bien.
Si tienes éxito, ganarás falsos amigos y enemigos verdaderos;
de todas formas, ten éxito.
El bien que haces hoy lo olvidarán mañana;
de todas formas, haz el bien.
La honradez y la franqueza te hacen vulnerable;
de todas formas, sé honrado y franco.
Las grandes personas que tienen grandes ideas, pueden
ser derribadas
por las personas más pequeñas de mentes más pequeñas;
de todas formas, elabora grandes ideas.
Las personas favorecen a los que tienen las de perder,
pero sólo siguen a los que tienen las de ganar;
de todas formas, lucha por algunos que tienen las de perder.
Lo que demora años en construir,
puede ser destruido de la noche a la mañana;
de todas formas, construye.
Entrégale al mundo lo mejor de ti,
y recibirás por eso una bofetada en pleno rostro;
de todas formas, entrégale al mundo lo mejor de ti.

TENGA FE EN LO MEJOR

Desarrolle el nivel de expectativa de una persona al creer en lo mejor de él o de ella. Cuando usted admira a las personas, estas comienzan a admirar sus propios sueños. Hace tan sólo una semana conversé con algunos comerciantes acerca del nivel de expectativa de quienes supervisan. Les expliqué que la forma en que vemos a las personas se refleja en cómo las tratamos. Si nuestras expectativas son grandes y creemos en las personas, seremos capaces de alentarlas. Una vez más, se trata del principio de ver a las personas no por lo que son, sino por lo que pueden ser.

El gerente de negocios de nuestra iglesia puso su casa en venta. Un sábado, él y su esposa colocaron carteles por todo el vecindario, anunciando que la casa estaría abierta a los interesados. Mientras se preparaban para el gran día, Ken le dijo a su esposa: «Mary Lynn, hoy vamos a tener personas de todo tipo entrando y saliendo de la casa, la mayoría de ellas sin recursos o sin intención de comprar la casa. Pero vamos a tratar a todos por igual, como si fueran nuestros invitados.»

En efecto, fueron decenas de personas las que pasaron por la casa sólo a mirar. Una pareja de jóvenes, de poco más de veinte años, pidieron ver la casa. Dijeron que eran recién casados, que ella no trabajaba, y que él había comenzando hacía poco en un trabajo nuevo. Después de recorrer la casa, dieron las gracias y se marcharon.

Ken y Mary Lynn se dijeron: «Nunca más los volveremos a ver.» Pero en menos de treinta minutos, vieron acercarse un lujoso automóvil que se estacionó frente a la casa. La pareja de jóvenes había regresado, esta vez con sus padres.

El padre estrechó la mano de Ken y le dijo: «A los muchachos les gustó su casa. Esta va a ser una compra al contado. ¿Cuándo podemos hacer el depósito?»

Estoy seguro de que el alto nivel de anticipación de Ken y de Mary Lynn se filtró a cada una de las personas que cruzaron el umbral de su casa.

Ellos no tenían idea de los beneficios que podría acarrearles aquella actitud positiva.

Desafortunadamente, muchas personas tienen niveles de anticipación muy bajos. Necesitamos saber cómo desarrollar un sueño para los demás y posteriormente compartirlo con ellos. Comience viendo ese sueño para ellos. Todos podemos aprender algo del parche ocelado o «pez cuatro ojos». Esta extraña criatura es oriunda de las aguas ecuatoriales del Atlántico occidental. El nombre científico de este pez es *anableps,* que significa «los que miran hacia arriba», y se debe a la inusual estructura de sus ojos. Especie única entre los vertebrados, el *anableps* tiene los ojos divididos horizontalmente en dos partes cada uno, y las dos mitades, una superior y otra inferior, operan independientemente una de la otra, además de tener cada una su propia córnea e iris. La parte superior del ojo sobresale por encima de la superficie del agua, permitiéndole al *anableps* buscar alimentos y detener a sus enemigos en el aire. Las partes inferiores de los ojos se mantienen mirando dentro del agua, con un funcionamiento similar al del resto de los peces. Así, de forma bastante común, esos peces cuatro ojos nadan con facilidad por las aguas de su entorno. Pero, además de ello, el *anableps* posee una extraordinaria capacidad para mantener la vida al participar en los eslabones superiores del reino animal por encima de su hábitat primario. Ellos ven en ambos mundos.

Si fuéramos capaces de desarrollar cuatro ojos, dos para ver lo que es y otros dos para ver lo que podría ser, lograríamos ayudar a los demás a soñar. Todo el mundo necesita exponerse a una visión. Desafortunadamente, no todos salen en busca de esa visión. Salga a buscarla en compañía de los que están dispuestos a superarse.

AYUDE A LOS DEMÁS A CONSEGUIR EL ÉXITO

Desarrolle la confianza en los demás ayudándolos a conocer el éxito. Todos hemos escuchado la consigna que dice: «No importa ganar o perder»; hasta que se pierde. Ganar realza nuestra propia imagen, nuestra proyección hacia la vida, y eleva nuestro nivel de expectativa. Nos da la confianza de que podemos ganar de nuevo. ¿Cómo puede usted ayudar a los demás a tener éxito? Es muy sencillo. Asegúrese de que sus dones y sus habilidades concuerden con sus tareas. De lo contrario, los estará arrastrando hacia un fracaso seguro. Discierna los dones y los deseos y hágalos coincidir con las oportunidades que tengan a su disposición. Cuando usted tiene la capacidad de ajustarlos a un determinado trabajo en el cual pueden tener éxito, se produce una increíble fusión entre la confianza y el respeto.

Todo el mundo disfruta la gloria del éxito y la oportunidad de poder brillar. Pero es una muestra de madurez permitirle a otra persona compartir la preciada posición del reconocimiento. Por ejemplo, durante muchos años, he testificado de manera eficaz mi fe en Cristo, pero también adiestro a los demás para que desarrollen sus propias capacidades de testificar. Si percibo que alguna persona es extremadamente abierta y receptiva al compromiso con Cristo, le brindo la oportunidad al semi-narista para que guíe a esa persona a Cristo. De igual forma, si el semi-narista está confrontando dificultades, me presto a ayudarlo. El éxito del líder es una sola victoria. Sin embargo, cuando el protegido también conoce del éxito, entonces la victoria es doble.

PREPARE A LAS PERSONAS PARA FUTURO DESARROLLO

«Déle un pez a un hombre, y tendrá comida para un día. Enséñele a pescar, y tendrá comida para toda la vida.» En otras palabras, si usted desea ayudarlo, no le entregue un pez, sino una caña de pescar. Este principio es aplicable al desarrollo personal. Usted y yo no podemos desarrollar a otra persona, pero sí podemos entregarle las herramientas que necesita para desarrollarse él mismo. Conseguimos esto mostrándole primeramente que el desarrollo es beneficioso; despertamos su apetito por el desarrollo. Luego lo exponemos a personas como él, personas que se han lanzado y han conseguido el éxito; le demostramos que es algo que puede alcanzar. Y por último, le brindamos la oportunidad de emplear sus nuevas herramientas. Luego nos retiramos del escenario y lo alentamos.

A finales del siglo diecinueve, un comerciante procedente del este, llegó a un pueblo fronterizo en algún lugar de la Gran Llanura Costera. Mientras conversaba con el propietario de la tienda del pueblo, se acercó un ranchero. El propietario se excusó y fue a atender al cliente. El comerciante no pudo evitar escuchar la conversación. Al parecer el ranchero quería un crédito para adquirir las cosas que necesitaba.

—¿Vas a colocar cercas esta primavera, Josh? —le preguntó el dueño de la tienda.

—Seguro, Will —le respondió el ranchero.

—¿Para ampliarte o para reducirte?

—Para ampliarme. Voy a tomar otras trescientas sesenta hectáreas a lo largo del río.

—Me alegra oírte decir eso, Josh. Tienes el crédito. Ve y dile a Harry allá dentro lo que necesitas.

Para el comerciante, aquella conversación no tenía mucho sentido.

—He visto sistemas de créditos de todos tipos —dijo—. Pero nunca uno como este. ¿En qué consiste?

—Bueno —dijo el dueño de la tienda—. Funciona de esta forma. Si un hombre está colocando las cercas para reducirse, eso quiere decir que está huyendo con lo que tiene. Pero si está colocando las cercas para ampliarse, entonces está desarrollándose y creciendo. El hombre tiene esperanza. Siempre le doy crédito a un hombre que está colocando las cercas para ampliarse.

Deles a las personas el ánimo que necesitan para colocar sus cercas y ampliarse. Ofrézcales el ímpetu y los conocimientos fundamentales para que amplíen sus horizontes. Las recompensas no sólo serán para ellos, sino también para usted. Al creer en las personas y ayudarlas a confiar en ellas mismas, usted establece un tipo de relación en la cual todos los que participan salen ganando.

PÓNGALO EN PRÁCTICA
Principios clave

- Las personas reciben un alto grado de confianza porque han desarrollado su carácter y se han ganado el derecho a que se confíe en ellas. Cuando este importante fundamento existe, se fomentan relaciones fuertes y positivas que son alimentadas por el aliento y la firmeza.
- La confianza depende muy poco del nombre de la persona, de su puesto en la vida, de cuánto dinero tiene en el banco, o de su posición. La clave para una confianza consecuente y segura estriba en el carácter de la persona que dirige.
- Claves para convertirse en una persona de confianza:

Demuestre lo que quiere infundir.

Sea una persona que dé ánimo.

Confíe en los mejores ideales de los demás.

Ayude a los demás a conseguir el éxito.

Prepare a las personas para el futuro desarrollo.

Aplicación de estos principios

En mis relaciones con las demás personas, aplicaré los principios que aparecen en este capítulo de la siguiente forma:

1.
2.
3.

Para más información

Cómo relacionarse mejor con los demás, por James Hilt

Trabajando juntos en armonía, por A. Donald Bell

11.

DESARROLLE UN EQUIPO GANADOR

Aprenda a ayudar a los demás a tener éxito

Una noche después de trabajar hasta tarde, tomé una revista deportiva, con la esperanza de que sus páginas me invitaran a dormir. Sin embargo, el efecto fue todo lo contrario. En la contraportada había un anuncio que me llamó la atención y puso a funcionar mis neuronas. Aparecía una foto de John Wooden, el entrenador que por muchos años dirigió a los Osos, el equipo de baloncesto de la Universidad de Los Ángeles en California.

El encabezamiento decía: «El tipo que pasa el balón por el aro tiene diez manos.» Llamaban a John Wooden el Mago de Westwood. En el marco de doce temporadas, consiguió diez títulos de campeones del baloncesto nacional universitario para la Universidad de Los Ángeles. En el mundo de las competencias deportivas, resulta bastante raro que un equipo obtenga dos campeonatos consecutivos; pero Wooden llevó a los Osos a ganar siete títulos seguidos. Eso conllevó un nivel consistentemente alto de un juego muy superior; hizo falta además buena dirección y un entrenamiento muy fuerte. Pero la clave del éxito de los Osos estaba en el inquebrantable concepto de John Wooden sobre el trabajo en equipo.

El anuncio era emocionante porque decía mucho sobre el trabajo en equipo. Cuando un jugador de baloncesto se convierte en un gran goleador, hacemos de él un héroe. Pero, ¿lo hubiera conseguido de haber tenido que enfrentar a los oponentes él solo? Lo dudo. Hicieron falta otras ocho manos para preparar el camino hacia sus exitosos encestes. Fue todo el tiempo un esfuerzo del equipo en conjunto.

En Génesis 11:1-6, podemos leer un relato bíblico sobre un esfuerzo de equipo: la construcción de la torre de Babel. En ese relato encontramos algunos conceptos clave que nos pueden ayudar a formar un equipo ganador.

Tenía entonces toda la tierra *una sola lengua* y unas *mismas palabras*. Y aconteció que cuando salieron de oriente, hallaron una llanura en la tierra de Sinar, y se establecieron allí. Y *se dijeron unos a otros: Vamos, hagamos* ladrillo y cozámoslo con fuego. Y les sirvió el ladrillo en lugar de piedra, y el asfalto en lugar de mezcla. Y *dijeron: Vamos, edifiquémonos* una ciudad y una torre, cuya cúspide llegue al cielo; y hagámonos un nombre, por si fuéramos esparcidos sobre la faz de toda la tierra. Y descendió Jehová para ver la ciudad y la torre que edificaban los hijos de los hombres. y dijo Jehová: He aquí *el pueblo es uno, y todos éstos tienen un solo lenguaje; y han comenzado la obra, nada les hará desistir ahora de lo que han pensado hacer* (cursivas añadidas).

Voy a detenerme aquí sólo el tiempo suficiente para señalar que sus esfuerzos estaban motivados por una causa equivocada. Pero Dios vio la increíble fuerza de un grupo de personas unidas. Del versículo primero al sexto, vemos cómo se conforma un equipo ganador. Hacen falta sólo dos ingredientes esenciales: primero, una meta común; y segundo, la capacidad de comunicar esa meta. «Vamos, edifiquémonos . . . una torre» expresa el deseo de trabajar juntos y la existencia de una meta.

Esa frase también expresa un motivo: «edifiquémonos». A Dios no le agradó lo que vio porque perseguían un fin perverso. Por lo tanto, en el versículo séptimo leemos que él decidió detener aquel equipo. De todas formas, esta historia nos brinda un excelente ejemplo de la importancia que tiene un buen trabajo en equipo.

Resulta fácil comprender a un equipo deportivo. La meta está clara porque luces y números destellan una vez que sus integrantes lo han alcanzado. Usted sabe que se trata de un equipo porque visten uniformes idénticos. Su propósito y su enfoque también están claros porque mantienen la vista y la atención centrada en el balón, y todo movimiento se realiza ágilmente en esa dirección.

Pero existen otros equipos que resultan más difíciles de analizar. Vestir el mismo uniforme, ya se trate de una gorra de béisbol o de un cuello clerical, trabajar en la misma oficina o recibir el salario por parte de la misma organización, no hacen un equipo. La uniformidad no es la clave para un exitoso trabajo en equipo. Lo que mantiene unido a un equipo es la unidad de propósito.

En los primeros años de mis estudios secundarios, recuerdo que me enseñaron algo relacionado con el trabajo en equipo cuando jugaba baloncesto. Teníamos muchachos con mucho talento, y todos, excepto dos, eran lo suficientemente grandes como para encestar el balón en el aro. Se esperaba de nosotros que ocupáramos la tercera o la cuarta posición a nivel de todo el estado, pero nuestro equipo tenía un problema. Había una tremenda división entre los estudiantes de tercero y de cuarto año. En nuestra alineación abridora había dos alumnos de tercer año y tres de cuarto, y en lugar de pasarle la pelota al muchacho que estuviera libre, se la pasábamos al muchacho que era de nuestro mismo año. Nuestro equipo estaba dividido; se producían riñas en las taquillas, al igual que en la cancha. Debido a la falta de labor de conjunto, no pudimos conseguir lo que hubiéramos logrado con todo el talento que estaba representado en aquel equipo. No compartíamos nuestros metas.

LOS EQUIPOS GANADORES JUEGAN PARA GANAR

Hay cuatro grandes atributos que caracterizan a un equipo ganador. Ante todo, un equipo ganador juega para ganar. Los integrantes del conjunto se dan cuenta de que en ocasiones las victorias y los reveses están determinados sólo por la actitud. La diferencia entre jugar para ganar y jugar para no perder es con frecuencia la diferencia que existe entre el éxito y la mediocridad.

¿Recuerda cuando se celebraron los Juegos Olímpicos en Los Ángeles hace algunos años? Apareció publicado un artículo muy interesante sobre lo mejor de lo mejor que compitió en los juegos. La esencia que el artículo quería destacar era que la diferencia entre un medallista de oro y uno de plata no estaba en la habilidad, sino en la actitud.

Cuando me mudé hacia la costa oeste, la única cosa que no pude olvidar fue el fútbol del estado de Ohio. Me mantuve siguiendo los partidos del equipo y veía los juegos del estado de Ohio por televisión cada vez que me era posible. Los encuentros que se realizaban en el estadio *Rase Bowl* eran especialmente emotivos para mí. Pero cualquiera que sepa sobre fútbol universitario en los Estados Unidos, sabe que cuando cualquiera de los Diez Grandes visitan la costa del Pacífico, generalmente se traduce en un triunfo para el equipo anfitrión. Aunque los equipos del este por lo general poseen mejores talentos, con frecuencia no se arriesgan. Me parece que los Diez Grandes sólo juegan para no perder, lo que no es una estrategia de victoria.

LOS EQUIPOS GANADORES CORREN RIESGO

La segunda característica de un equipo ganador es que sus integrantes son jugadores arriesgados. Mi filosofía acerca de la vida es lanzar el balón y salir en busca de él. No avance tres yardas, y se reúna y espere. Arriésguese y deje que pase lo que pase. Eso establece la diferencia entre un conjunto ganador y otro mediocre. En una de las paredes de mi oficina hay colgada una placa que dice: «No tengo que sobrevivir.» Quiero que mi equipo juegue por encima de los niveles de mediocridad. Es mucho mejor tratar y fallar, que no tratar.

El siguiente poema apareció en el espacio reservado en los diarios a la columnista Ann Landers. Cada una de sus estrofas contiene una verdad y una prueba:

Reír es arriesgarse a parecer un tonto.
Llorar es arriesgarse a parecer sentimental.
Extender la mano a otra persona es arriesgarse a comprometerse.
Exponer los sentimientos es arriesgarse a enfrentar el rechazo.
Poner los sueños a consideración de la multitud
es arriesgarse a hacer el ridículo.
Amar es arriesgarse a ser correspondido.
Echar adelante en medio de posibilidades desfavorables
es arriesgarse al fracaso.

Pero hay que arriesgarse,
porque el peligro más grande que hay en la vida es no
arriesgar nada.
La persona que no arriesga nada, nada hace, nada tiene,
nada es.

Uno puede evitar el sufrimiento y el dolor,
pero así no se puede aprender, sentir, cambiar, crecer y amar.
Encadenado por la certidumbre, esa persona es esclava.
Sólo aquel que se arriesga es libre.

Me encanta la historia del viejo granjero, con sus ropas harapientas y descalzo, que se sentó a los pies de su destartalada choza, mascando un tallo de yerba. Un transeúnte se detuvo y le preguntó si podía darle un poco de agua. Deseando ser sociable, el forastero entabló conversación con el granjero.

—¿Cómo está el cultivo de algodón este año?

—No tengo sembrado —respondió el granjero.

—¿No sembró usted algodón? —preguntó el transeúnte.

—No —dijo el granjero—. Le cogí miedo a los gorgojos del capullo.

—Dígame —preguntó el recién llegado—, ¿cómo le va con el maíz?

—No sembré maíz —dijo el granjero—. Temí que no fuera a llover lo suficiente.

—Entonces —le preguntó el insistente forastero—, ¿qué sembró este año?

—Nada —dijo el granjero—. Sencillamente decidí hacer lo más seguro.

Muchas personas bien intencionadas viven con la misma filosofía del granjero; la de nunca arriesgarse a hacer algo. Prefieren hacer lo que les parece más seguro. Esas personas nunca conocerán la emoción de la victoria, porque para alcanzar un triunfo uno tiene que arriesgarse al fracaso.

C. T. Studd hizo un magnífico pronunciamiento sobre el arriesgarse: «¿Son tantos los jugadores que salen en busca de oro y tan pocos los que salen en busca de Dios?» Ese fue el mismo gran misionero quien, cuando le previnieron que su regreso al África pudiera convertirse en su martirio, respondió: «Alabado sea Dios, yo tan sólo he estado buscando la oportunidad de morir por Jesucristo.» ¿Cómo pudiera fracasar una persona como esa? Tiene mucho que ganar y nada que perder.

LOS EQUIPOS GANADORES CONTINÚAN PERFECCIONÁNDOSE

La tercera característica de los equipos ganadores es que continúan intentándolo todo con más fuerza en pos del triunfo. Se dan cuenta de que una vez que dejan de perfeccionarse, es que ya están acabados. Llama la atención que durante toda la década de los años ochenta ningún equipo profesional de béisbol, de baloncesto o de fútbol ganó la Serie Mundial o el Campeonato Nacional por dos años consecutivos. Cuesta trabajo mantenerse en la cima. Una vez que uno alcanza la cúspide, intenta mantener la situación y aferrarse a la gloria. Eso es un craso error, porque siempre habrá alguien debajo de uno con ansias de victoria. Esa persona hará todos los sacrificios que sean necesarios y se arriesgará con tal de llegar a la cima. Es fácil ganar cuando uno no tiene nada que perder. Dormirse en los laureles nunca da resultado; uno tiene que estar dispuesto a perder la corona si es que quiere seguir ganando.

Lon Woodrum, un gran amigo mío que se está acercando a los noventa años de edad, continúa siendo un destacado orador, escritor y poeta. Se ha trazado la meta personal de leer un libro por día. Le pregunté sobre eso, pensando que a su edad debiera estar tomando la vida con mayor suavidad. Me respondió: «John, yo tengo la tendencia a ponerme perezoso. Quiero que mi mente de ochenta y seis años continúe desarrollándose y aprendiendo. Quiero morir con un libro en mis manos.» Lon vivirá hasta que muera. Sé de muchas personas que están respirando, pero que hace tiempo ya están muertas.

Art Linkletter lo dijo de esta forma:

Nunca quiero ser lo que quiero ser,
Porque siempre habrá algo esperando por mí.
Disfruto de la vida en este mismo instante,
Pero nunca quiero pensar
Que conozco la mejor forma de hacerla.
Siempre hay una montaña más alta
Desde donde se ve mejor;
Hay algo que tengo que aprender,
Algo que nunca supe.
Hasta que mis días se cieguen
Nunca llenes mi copa hasta arriba;
Déjame seguir adelante, creciendo.

La mayor recompensa al progreso de un hombre no es lo que este obtiene a cambio, sino en lo que se convierte como resultado de ello. Pregúntese por qué intenta progresar. ¿Es para recibir algo a cambio? De ser así, entonces esa es la razón equivocada. Trate de progresar porque de esa forma se convertirá en una persona mejor.

LOS INTEGRANTES DE UN EQUIPO GANADOR SE PREOCUPAN POR ELLOS MISMOS

La cuarta característica de un equipo ganador es que cada uno de sus integrantes se preocupa por el éxito de los demás miembros. Se realzan unos a otros. Andrew Carnegie se percató de que antes de conseguir el éxito, tenía que lograr que sus empleados tuvieran éxito. Dijo en una oportunidad: «Representa un gran paso de avance percatarse de que otras personas pueden ayudarlo a hacer un trabajo mejor al que usted haría solo.» En el mundo de los negocios, Carnegie se dio a conocer por su destacada participación en el desarrollo de las personas. En una ocasión, llegó a tener treinta millonarios trabajando para él. Eso ocurrió cuando un millón de dólares era un millón de dólares. Alguien le preguntó una vez cómo hacía para que tantos millonarios trabajaran para él. Respondió que esas personas no eran millonarias cuando él las contrató; se hicieron millonarias trabajando con él.

—¿Cómo encontró usted a esos hombres? —le preguntaba la gente.

—Eso es como buscar oro —respondía Carnegie—. Cuando usted comienza, posiblemente tenga que mover toneladas de tierra para encontrar una pepita de oro. Pero cuando comienza a sacar oro, pasa por alto la tierra.

Charles Browser ha dicho: «Pocas personas tienen éxito a menos que otras muchas personas quieran que lo tengan.»

¿Recuerda cuando Edmond Hillary y Tenzing, su guía de la zona, realizaron el acontecimiento histórico del ascenso al monte Everest? Cuando descendían de la montaña, Hillary resbaló de repente. Tenzing sostuvo la cuerda fuertemente y clavando su hacha en el hielo evitó que ambos cayeran al vacío. Más tarde, Tenzing no quiso aceptar ninguna retribución por haberle salvado la vida a Hillary; para él aquello fue tan sólo parte de su trabajo. Como él mismo dijera posteriormente: «Los alpinistas siempre se ayudan entre sí.»

Si usted es aficionado a los deportes desde hace tiempo, recordará la época de los Celtas de Boston y de Red Auerbach. Cuando sabía que ya habían ganado el encuentro, Red siempre encendía un cigarro. Ese era su sello distintivo. Cada vez que encendía el cigarro, le estaba enviando señales de humo al otro equipo: la victoria es nuestra. Puedo decirles que cuando mi equipo, el personal de la iglesia Skyline, trabaja junto en un proyecto ganador, mentalmente enciendo un cigarro.

¿Cómo conformamos un equipo ganador? Hay tres esferas que en su conjunto determinan el éxito del equipo: la contratación, el despido y la inspiración. Consideremos cada una de ellas por separado.

CÓMO CONTRATAR CORRECTAMENTE

La característica más importante de cualquier organización es la calidad de su personal. Los grandes entrenadores deportivos saben que hace falta mucho más que inspiración para alzarse con el triunfo; tienen que tener talento. Por consiguiente, los entrenadores tienen una participación muy activa en la contratación de los atletas. Después de todo, el personal que se conforma por casualidad obtiene resultados gracias a un golpe de suerte.

La mayoría de los pastores en las grandes iglesias me dicen que la contratación del personal es su principal frustración. Hace algunos años, participé en un foro con pastores de algunas de las iglesias más grandes de todo el país. Nuestro orden del día contenía diversos temas de discusión. El primero de esos temas fue la siguiente pregunta: «¿Qué cosas le producen mayor frustración en su ministerio?» No exagero cuando digo que el ochenta por ciento de los dos días y medio que siguieron a la inauguración, sé dedicaron a discutir problemas propiamente sobre el personal y otros relacionados con esa temática. En lugar de avanzar con su personal hacia metas comunes, muchos de los experimentados pastores estaban preocupados por problemas relacionados con sus empleados.

Quizás usted esté leyendo esto y pensando que como tiene una iglesia pequeña con un personal integrado por únicamente otro miembro, este acápite no reviste importancia para usted. No cometa el error de pensar que puede salir adelante con un personal de poca calidad porque su iglesia sea pequeña. Todo lo contrario. En un negocio que conste de cien empleados, si uno de ellos es inferior, la pérdida equivale tan sólo al uno por ciento. Pero si la iglesia cuenta con una nómina de dos personas, y una de ellas es inferior, la pérdida es de un cincuenta por ciento. Kurt Einsten dijo a la revista *Success* [Éxito] que contratar a la persona equivocada representa un error extremadamente costoso. Si ese empleado queda despedido al cabo de seis meses, el costo para la compañía equivale a por lo menos dos años de salario. Usted puede apreciar el efecto dañino que una contratación incorrecta ejerce en la economía. Existen tres obstáculos que se interponen en la contratación de un buen personal, especialmente en los círculos cristianos. *El primero es la obtención de recomendaciones de patrones anteriores.* Las recomendaciones honradas generalmente son saboteadas por la tolerancia, porque nadie quiere delatar la presencia de un mal trabajador. Es mi responsabilidad cristiana ser lo más objetivo que pueda a la hora de dar una recomendación. Hacer lo contrario sería hacer fraude. Un patrón no le hace ningún favor a un empleado recomendándolo para un trabajo para el cual no está apto.

Otra de las dificultades con las que se tropiezan a la hora de contratar personal de alta calidad es que posiblemente usted tenga una organización pequeña, y las organizaciones pequeñas tienen menos que ofrecer que las grandes organizaciones. Pero siga mi consejo: No deje que el tamaño de su iglesia o de su organización determine la calidad de su personal. Salga en busca del ganador y ofrézcale su visión del futuro. No ofrezca su situación actual a menos que piense acampar allí de manera permanente. Contrate a una persona que pueda comprender su sueño. Si esa persona comprende que usted tiene la capacidad de convertir ese sueño en realidad, estará dispuesta a abandonar una situación cómoda para trasladarse hacia otra que es más emocionante.

Rick Warren, un pastor del sur de California, mostró este tipo de espíritu empresarial cuando respondió al llamado de Dios y fundó una iglesia. De pastor auxiliar de una iglesia que contaba con más de tres mil miembros, se convirtió en pastor interino cuando el pastor principal se marchó. La congregación se le acercó a Rick y le planteó la posibilidad de que asumiera el liderazgo de aquella iglesia. Rick rechazó la oferta. Atraído por su visión de fundar una iglesia, entregó lo que tenía y se lanzó a cumplir su sueño.

La tercera dificultad para contratar un personal de calidad estriba en no conocer las cualidades a buscar en los futuros miembros de ese equipo de trabajo. Tal vez usted sepa las plazas de trabajo que necesitan cubrirse, pero no está seguro de las cualidades que una persona necesita para hacer su trabajo mejor. Aquí le presentamos una fórmula de contratación que lo ayudará a clasificar a un individuo:

Relación + Actitud x Talento + Expectativa = Producción

Analicemos la importancia de cada una de estas palabras:

Relaciones

Kurt Eistein, de la revista *Success* nos habla de esta importante característica en una situación relacionada con el trabajo: «El ochenta y siete por ciento de todas las personas fracasan, no por un problema de capacidad, sino de personalidad.» Generalmente las personas fracasan, no porque sean incapaces de realizar su trabajo, sino porque no consiguen llevarse bien con sus colegas.

Si trabaja solo, quizás no necesite tener muchas habilidades para relacionarse. Sin embargo, si trabaja con otras personas, tiene que tener (o buscar desarrollar) la habilidad de interactuar de manera positiva con ellas. ¿Puede hablar fácilmente con las personas? ¿Las escucha? ¿Tiene usted sentido del humor y la capacidad de reírse de usted mismo sin ponerse sensible o asumir una postura defensiva? ¿Disfruta usted de la compañía de las personas y de trabajar con ellas? ¿Es una persona cálida y afectuosa?

El líder de cualquier grupo tiene que ejemplificar determinados aspectos esenciales de las relaciones. Primero, es menester que el líder respete a su grupo. Las personas no sólo interiorizarán ese respeto, sino que también lo reflejarán hacia él. El líder necesita igualmente establecer una comunicación fluida y sincera de ambas partes con relación a todos los temas. Las comunicaciones abiertas crean un ambiente de confianza que resulta esencial si se quiere que un grupo de personas funcione como un equipo.

Algunos líderes sienten gran inseguridad y, por consiguiente, sienten temor de confiar en aquellos con quienes trabaja. El líder que tiene esas características mira a los demás con recelo, valorando posibles motivos ocultos: ¿Hay algún integrante del personal interesado en ocupar la posición del jefe? Determine si sus temores son ciertos o no. Si no lo son, disípelos y confíe en su gente.

Se pueden herir los sentimientos de un líder de dos formas diferentes. Puede ser que no confíe y que mantenga a su gente a distancia, sin compartir ni mostrarse abierto hacia ellos. Aunque pueden no herir sus sentimientos porque él no permite que nadie se le acerque, lo van a herir de otras maneras, porque nunca nadie lo va a ayudar. Esa persona pasará por la vida sin nadie a quien abrazar, amar o con quien compartir la alegría del ministerio. Por otra parte, un líder puede elegir ser sincero y abierto, y arriesgarse a salir herido por alguien que se aprovecha de esa confianza. Pero ese es un riego que vale la pena correr. Odio pensar en las relaciones ricas y profundas que nunca habría desarrollado si no me hubiera arriesgado a confiar en las personas.

Actitudes

Este es un elemento decisivo a la hora de contratar al personal de un equipo de trabajo. Si he entrevistado a dos personas que están en igualdad de condiciones, sus actitudes siempre determinarán mi decisión. No importa cuán capaz sea una persona, si tiene una mentalidad negativa, su proceder será dañino para el equipo. Una mentalidad negativa se manifiesta en un espíritu crítico y carente de apoyo hacia los demás miembros del equipo. Si en algún momento me doy cuenta de que ese es el problema de algunos de los integrantes de mi personal, muy pronto esa persona estará buscando otro trabajo. Yo puedo ayudar a una persona a mejorar sus habilidades; pero sólo ella puede cambiar su actitud.

Talento

El hombre de negocios Jim Cafcart se concentra en tres aspectos a la hora de ayudar a las personas a ser productivas:
• *Talento*. ¿Qué hacen bien?
• *Intereses*. ¿Qué les fascina?
• *Ideales*. ¿En qué creen?

Los intereses y los ideales determinan en gran medida cómo y hasta qué punto usted emplea su talento. Es una realidad que no somos iguales en aversiones. La parábola de los talentos en el Evangelio según San Mateo, a todas luces subraya esa verdad. La capacidad del patrón de discernir los atributos y las habilidades de los posibles empleados resulta esencial para el éxito del equipo.

Expectativas

El líder necesita saber lo que los miembros de su personal esperan de él, de la misma forma que el personal necesita saber lo que se espera de ellos. He aquí algunas de mis expectativas con relación al personal:

• Desarrollo. Espero un desarrollo constante del personal y de los departamentos. Cada miembro del personal debe esforzarse al máximo y deben verse los resultados. Cuando esto sucede, cada esfera de dire-cción sentirá los efectos positivos.

• Trabajo en equipo. El todo es más importante que sus partes. Aunque cada uno de los integrantes del equipo deben tener resultados en sus propios departamentos, este desarrollo se subordina a la salud y al desarrollo de la organización en sentido general.

• Liderazgo. Tienen que aprender a ejercer influencia y a desarrollar a las personas. Esto ocurre generalmente en la medida en que los integrantes del equipo se esfuerzan y se desarrollan.

En la revista *Leadership* [Liderazgo] vi una vez una caricatura de un pastor sentado a la mesa, hablando por teléfono. El texto decía: «Bueno, entonces, ¿tú tomarías dos secretarias y un director de coro por un pastor auxiliar y uno en el ministerio a los solteros?» Eso nos lleva al próximo aspecto relacionado con el personal: despedir a los integrantes del equipo de trabajo.

CÓMO DESPEDIR A UN TRABAJADOR

Ser despedido del trabajo puede tener un efecto devastador sobre una persona. Esa es una medida que no debe tomarse por un capricho, sino tras una cuidadosa y piadosa consideración. Las preguntas que vienen a continuación pueden servir para tomar esa decisión:

Primero, *¿ha crecido la iglesia más que el pastor o ha crecido el pastor más que la iglesia?* No es común que ninguna de las dos cosas ocurran. Sé muy bien lo que significa darse cuenta de que el reto ya no existe y que es hora de avanzar hacia otras posibilidades. También sé de iglesias que han proseguido adelante mientras el pastor permanecía sentado y se retorcía las manos, pensando qué hacer ante una situación que está fuera de su alcance.

Antes de despedir a alguien del personal, otra pregunta a hacerse es: *¿Quién considera que esta persona necesita ser sustituida?* Si yo, como pastor y líder, soy el único que piensa que hace falta hacer un cambio, entonces debo andar con cuidado. Tal vez haya un conflicto de personalidad que requiere de atención y solución. Cuando es hora de hacer un cambio, más de una persona debe experimentar ese sentimiento. Otros miembros del personal, otros integrantes de la junta de la iglesia, otras asociaciones claves, e incluso el propio miembro del personal en cuestión, deben percibir la necesidad de hacer un cambio. Para protegerme de los prejuicios personales y de las evaluaciones injustas, todos los años le pido a la junta de la iglesia que participe en una comprobación anónima de todos los miembros del personal. Esto proporciona un espectro mucho más amplio a la hora de valorar la eficacia de cada uno de los que integran el personal.

La tercera pregunta a responder es: *¿Sobre qué base se sustenta el despido?* ¿Qué bases son lo suficientemente fuertes para despedir a alguien? Por mucho, la cuestión más importante a entrar a analizar es la integridad moral. Cuando existe un problema básico de carácter —mentiras, compromisos morales, fraude— se impone un rápido despido. Estoy convencido de que cuando una persona ha perdido confianza, su ministerio o su servicio ha concluido dentro del marco de la comunidad cristiana. Creo firmemente en el perdón, en la rehabilitación y en la reintegración a la comunidad; pero no en la restitución a una posición.

Otras posibles razones para el despido incluirían serios problemas en las relaciones. Si una persona tiene rencillas crónicas con otros miembros del equipo de trabajo, el despido se impone. O cuando uno de los integrantes del personal muestra una actitud negativa evidente hacia la iglesia o la organización, es hora de despedir a esa persona. El pensamiento negativo puede propagarse como un cáncer. Por último, si uno de los miembros del equipo de trabajo revela una seria ausencia de capacidad que no puede corregirse, él o ella debe ser despedido.

Como pastor tengo la responsabilidad de tener a la persona mejor ca-lificada en cada puesto. La junta de la iglesia me exige responsabilidad en este sentido. Si no cumplo con esto, entonces no estoy manteniendo el más alto potencial de la iglesia como primera prioridad. La junta me exige responsabilidad de la misma forma que lo hace mi personal. Mi propio puesto está en peligro si hay alguien que pueda dirigir y servir mejor que yo.

Si hay que despedir a alguien, ¿entonces cómo hacemos para que la transición sea lo menos traumática posible? Suponga que hemos solucionado las cuestiones más difíciles. Hemos intentado equilibrar piedad con administración, con perdón y con responsabilidad. La decisión se torna clara; esa persona debe ser despedida del ministerio o de su responsabilidad de trabajo. Y entonces, ¿qué?

Ante todo, lo hacemos personalmente. Una carta o un memorando es demasiado cruel e impersonal, además de que pudiera ampliar los sentimientos de deserción y cultivar la amargura. Un encuentro personal desata lágrimas, enfado y otros sentimientos que semejante golpe acarrea. De igual forma le ofrece a la persona la oportunidad de hacer preguntas. Obviamente, la noticia debe darse de forma rápida y directa, antes que los rumores lleguen a oídos del trabajador que ya está despedido.

Hágalo con tacto. No hay necesidad de redactar una lista de doce páginas con todos los defectos de la persona. De hecho, esa persona debió haber recibido esa lista de doce páginas con varias semanas de antelación y debió habérsele concedido un período de prueba para que tratara de solucionar sus problemas. Cuando se produce el despido, es posible que la persona se moleste o se ponga a la defensiva, y ese es el momento para dar una «respuesta suave». La gentileza, sin embargo, no implica deshonestidad. Si la persona en cuestión no está capacitada para el ministerio o el liderazgo, es mucho más perjudicial hacer ver lo contrario. Recuerde que la forma y el momento de dar la noticia c pueden disminuir el impacto del golpe. Hágalo sin amargura ni malicia. Los que den la noticia del despido deben estar bajo el control del Espíritu Santo. Los ataques y los arranques emocionales acerca del carácter de la persona, resultan contraproducentes para las metas de desarrollo y de cura final. Ponga fin a las responsabilidades tan pronto sea posible. Mientras más tiempo tenga una persona despedida en su trabajo, más baja será su productividad y mucho más deprimirá el celo de los demás. Un proceso de despido dilatado le abre las puerta al cabildeo en favor de un revertimiento y genera excusas por el trabajo mal realizado. También es posible que el líder pierda su objetividad cuando comience a sentir la presión de los grupos más cercanos a él. Entonces comenzará a tener reservas en cuanto a su decisión de despido.

No es necesario divulgar «todos los factores» a las personas cuyo interés es calumniar y chismear. Los detalles de un fracaso moral pueden servir para exacerbar el apetito enfermizo por los escándalos en lugar de promover la cura en el cuerpo de Cristo. Escoja sus palabras con mucho cuidado. No empeore las cosas más de lo que están ni ponga en peligro innecesariamente el futuro de la persona.

Anticípese a las reacciones de la persona y esté preparado con sus propias respuestas. También considere el efecto sobre los que tienen más amistad con la persona. ¿Cómo puede usted ayudar a las personas que pudieran resultar heridas u ofendidas con este cambio? ¿Necesita involucrarse en algún tipo de cura emocional? Por último, de ser posible, analice hacia dónde pudiera ir esa persona, y ayúdela en esa transición.

CÓMO INSPIRAR A SU GENTE

Harold S. Geneen, otrora director, presidente y funcionario ejecutivo principal de la compañía *I T y T,* dijo en una ocasión: «La esencia del liderazgo es la capacidad de inspirar a los demás a trabajar unidos como un equipo, a esforzarse por alcanzar una meta común.»

El líder necesita allanar el camino a quienes lo siguen, ejemplificando una actitud positiva y esperanzadora. El líder motiva a su equipo hacia la consumación del resultado final, recordándoles constantemente a los integrantes de su equipo la visión de conjunto y la importancia de alcanzar la meta propuesta. Cuando el líder es capaz de transmitir expectativas claras, también le concede a su personal libertad de creación. Lo más importante es que el líder manifiesta la más profunda de las inspiraciones cuando cree en su gente; cuando esas personas piensan y sienten que él los considera los mejores y que tiene toda su confianza depositada en ellos.

E. E. Kenyon, de una publicación semanal en idioma inglés, ofrece el siguiente relato acerca de una vía más que segura para inspirar al equipo (aunque no es la que yo recomendaría). El jefe, con su acostumbrado rostro arisco, les sonrió genialmente a los agentes de ventas, a los mismos que había convocado para una reunión.

—Ahora bien, caballeros —dijo—. Los he convocado para anunciarles un gran concurso de ventas que comenzaré de inmediato y que supervisaré personalmente.

Se produjo un murmullo entusiasmado entre los agentes de ventas congregados, y una voz enérgica gritó desde el fondo:

—¿Cuál es el premio para el ganador, señor Smithson?

—El ganador anunció el jefe—, conservará su empleo.

PÓNGALO EN PRÁCTICA
Principios clave
• La uniformidad no es la clave del éxito para un equipo. Lo que mantiene unido al equipo es la unidad de propósito.
• Características de los equipos ganadores: Juegan para ganar. Se arriesgan. Continúan mejorando. Se preocupan unos por los otros. O Las personas que prefieren hacer lo que les parece más seguro nunca conocerán la emoción de la victoria. Para anotarse un triunfo, uno tiene que arriesgarse al fracaso.
• La recompensa más grande al progreso de un hombre no es lo que obtiene a cambio, sino en lo que se convierte como resultado de ello.
• Cuando usted se da cuenta de que otras personas pueden ayudarlo a realizar un mejor trabajo del que pudiera hacer solo, eso constituye un gran paso de avance en su desarrollo.
• Relaciones + Actitud x Talento + Expectativas = Producción
• La esencia del liderazgo estriba en la capacidad de inspirar a los demás a trabajar unidos como un equipo, a esforzarse por alcanzar una meta común.

Aplicación de estos principios
En mis relaciones con las demás personas, aplicaré los principios que aparecen en este capítulo de la siguiente forma:

1.
2.
3.

Para más información
People Power, John R. Noe
You and YourNetwork, Fred Smith